Pelo amor ou pela dor...

Revisão e Editoração Eletrônica
João Carlos de Pinho

Tradução:
Marcos Ramos

Direção de Arte
Luiz Antonio Gasparetto

Capa
Kátia Cabello

3ª edição
Setembro • 2001
10.000 exemplares

Publicação, Distribuição
Impressão e Acabamento
CENTRO DE ESTUDOS
VIDA & CONSCIÊNCIA EDITORA LTDA.

Rua Santo Irineu, 170
Saúde • CEP 04127-120
São Paulo • S.P. • Brasil
F.: (11) 5574-5688 / 5549-8344
FAX (11) 5571-9870 / 5575-4378
E-mail: gasparetto@snet.com.br
Site: www.gasparetto.com.br

Ricky Medeiros

Pelo amor ou pela dor...

EDITORA GRÁFICA VIDA & CONSCIÊNCIA

Dedicatória

Na minha opinião, a mediunidade não é nem uma dádiva nem uma bênção. É um talento para usar da forma que o indivíduo achar. Como tudo na vida, o médium pode usar seu talento para o bem, para o mal, ou até pode ficar indiferente ao talento.

Na minha vida, conheci três médiuns que, no meu ver, usam seu talento para o bem.

A primeira, Mrs. Margaret Tice, era uma mulher fascinante. Eu a conheci aos dezenove anos. Ela era a pastora da Igreja Espírita de Syracuse, Nova York. Foi ela quem comprovou para mim, pela primeira vez, a continuação da vida.

A segunda é Marcia Fernandes, que conheci aqui no Brasil, mais de três anos atrás. Marcia usa seu talento para ajudar, confortar e aliviar as pessoas que a procuram.

A terceira é Zibia Gasparetto, que por meio de seu talento facilita para as pessoas a compreensão do significado de nossas vidas aqui e no outro lado.

Então, dedico este livro para estas três médiuns. Um pouco de cada uma está nesta obra.

E, além destas médiuns que me abriram as janelas para o outro lado da vida, gostaria de mencionar as pessoas que abrem, todo dia, as janelas para esta vida terrestre:

A minha esposa Sonia. Por causa dela, estes livros existem hoje. Para Fernanda e Juliana: através destas duas meninas eu fico em contato com tudo que há de novo no mundo.

E, finalmente, para as pessoas que entram em contato comigo, falando dos meus livros. Vocês não sabem o bem que fazem para mim.

Sumário

Uma história antes do livro

Os sinais estão ao nosso redor.

As pessoas que leram *A Passagem* e *Quando Ele Voltar* lembram que abri o livro contando uma história sobre meu irmão Joe, falecido mais de trinta anos atrás. Este irmão, durante estes trinta anos, sempre manifestou sua presença ao meu redor.

A história que vou contar aconteceu em 1999, logo depois que o primeiro livro, *A Passagem*, foi publicado.

Eu estava no Shopping Morumbi, aqui em São Paulo, saindo da ginástica. Estava descendo a escada rolante do shopping e vi meu livro exibido na vitrine de uma das livrarias. O livro já tinha atingido o primeiro lugar nas vendas, o que, para dizer a verdade, foi uma grande surpresa e felicidade para mim.

No bolso da camisa, eu estava carregando o disquete do segundo livro, *Quando Ele Voltar*. No outro lado da escada rolante, vi o anúncio de um filme que eu queria ver, *O Clube da Luta*, com Brad Pitt. Como eu tinha saído da ginástica cedo, percebi que podia pegar a sessão que começava às oito e pouco.

Chegando ao fim da escada rolante, decido ver o filme. Perguntei mentalmente para meu irmão se o livro que estava escrevendo, *Quando Ele Voltar*, seria tão bom quanto *A Passagem*. O disquete pulou do bolso e caiu no chão. Quando me abaixei para pegá-lo, ouvi tocar, no sistema de música ambiente do shopping, uma música. Era *He Ain't Heavy, He's My Brother* ("Ele não é pesado, é meu irmão"), uma música dos anos setenta dos Hollies, um conjunto inglês.

Agora, tenho de explicar a música.

A primeira vez que fui para uma sessão espírita, em Syracuse, trinta anos atrás, haviam se passado três meses do falecimento de meu irmão Joe. Eu tinha ido com minha mãe. Pouco antes de entrar na igreja, essa música tocou no rádio do carro. Eu comecei a chorar. Minha mãe também. Naquela noite, dentro daquela igreja espírita, Joe mandou os primeiros recados para nós, por meio da médium, Mrs. Margaret Tice.

Saindo da igreja, duas horas depois, liguei o rádio no carro. De novo, a mesma canção tocou! Durante os trinta anos depois da morte dele, sempre associei essa música ao meu irmão. Por exemplo: seis anos atrás, na avenida marginal do rio Pinheiros, em São Paulo, eu estava dirigindo meu carro em direção ao trabalho. O rádio estava desligado. Não sei por quê, pensei na história dessa música com meu irmão. Perguntei a mim mesmo: "Será que realmente a música tem alguma coisa a ver com meu irmão?"

Naquele instante, liguei o rádio. Imediatamente *He Ain't Heavy, He's My Brother* começou a tocar. Não foi no meio da música, não foi depois de um intervalo comercial, foi no mesmo instante que liguei o rádio!

Bem, agora vamos voltar ao Shopping Morumbi.

Ouvi essa música tocar segundos depois de perguntar sobre o novo livro, momentos depois que o disquete do livro caiu do bolso. Claro, fiquei emocionado. Esqueci do filme e fui para casa, onde contei a história para minha esposa, Sonia.

No dia seguinte, fui trabalhar. Chegando ao escritório, Sonia me ligou e me perguntou que filme eu iria assistir no Shopping Morumbi. Falei que era O *Clube da Luta*. Ela começou a chorar e me contou a notícia que ela tinha acabado de ouvir na televisão: um jovem, obviamente perturbado, entrou no mesmo cinema do shopping, na sessão que eu ia pegar, com uma metralhadora, abrindo fogo nas pessoas que estava assistindo ao filme.

Não tenham dúvida: os sinais estão ao nosso redor.

Uma carta do corredor da morte

Em julho de 1998, um prisioneiro do corredor da morte no Texas, Estados Unidos, escreveu esta carta para um jornal. Agências de notícia de todo o país a divulgaram e eu acidentalmente a achei na Internet.

> "*A quem possa interessar.*
>
> *Meu nome é* [não publicado]. *Sou um prisioneiro do corredor da morte, aqui no Texas. Minha execução está marcada para 20 de agosto. Sou culpado dos crimes pelos quais fui acusado. Não busco me desculpar pelo que fiz.*
>
> *Eu apenas quero um contato com alguém aí fora. Uma carta, um bilhete, qualquer coisa. Estou com medo de morrer sozinho. Então, por favor, envie-me uma carta, se é que existe alguém aí fora que se importa.*"

O prisioneiro que escreveu esta carta foi executado por uma injeção letal. Eu não sei se ele recebeu alguma carta ou se alguém estava com ele quando morreu.

No entanto, uma coisa eu sei: ele é um espírito e ainda vive.

Introdução

Nós todos fomos criados à imagem e semelhança de Deus. Esta é uma afirmação agradável de se ouvir, não é? Afinal, é reconfortante saber que refletimos nosso Criador. Mas, se estas palavras são verdadeiras, então a Terra deveria ser um paraíso. Já que nós somos criações de Deus, não deveria haver razões para ciúme, raiva, ódio ou medo.

Nós todos sabemos que as coisas não são assim. O que acontece?

Este livro fala de raiva. De ódio. De medo. E também fala de perdão e redenção.

Um dos personagens deste livro inspirado é um assassino. Seu nome é David e seu personagem é baseado nos crimes e nas vidas reais de homens e mulheres que estiveram no corredor da morte em vários pontos dos Estados Unidos.

Ele, também, foi criado à imagem e semelhança de Deus, assim como todos nós. Seu espírito é menos divino que o nosso?

Mesmo os mais desprezados, odiosos e detestáveis são espíritos imortais, e, se nós não podemos ou não entendemos isso, que esperança há? Como podemos evoluir como espíritos, sociedade ou como mundo se recusamos a ver que existem laços de divindade em cada um de nós?

É fácil dizer que nós acreditamos em irmandade, humanidade e espiritualidade. Porém isso é um ato que transcende a fé. E, como o Mestre Jesus disse, "o que fizeres a um destes meus irmãos, mesmo aos mais pequeninos, a mim o farás".

Não há nada mais desprezível do que um assassinato. Mas o assassino é nosso irmão, também.

— Como Deus permite que essas coisas aconteçam? — alguns perguntam. — Como Ele pôde criar tais monstros? — outros dizem. Eu acho que devemos nos lembrar que "nem mesmo um pardal cairá do céu sem o Seu conhecimento".

Vocês irão conhecer Tom. Em uma questão de horas, David estuprou e assassinou sua esposa, matou sua filha, depois atirou no peito de Tom. Uma família inteira exterminada. Vocês verão a corrente cármica de ocorrências desencadeadas por esses assassinatos.

Devo confessar que este livro não foi fácil de escrever. De vez em quando, pensava em desistir dele, mas não podia. Este livro tinha de ser escrito, ainda que apenas para nos ajudar a entender um pouco mais sobre carma, perdão e nós mesmos.

Enquanto escrevia, tive medo. Em determinado trecho, entrei em sintonia com as vibrações de assassinato, ódio e vingança. Supliquei orientação e proteção. Foram-me concedidas.

Fiquei deprimido. Sabia que era porque estava me envolvendo com a tristeza e raiva das vítimas. Mais uma vez, roguei orientação e proteção. Elas vieram.

Um dia, enquanto trabalhava em um capítulo deste livro, fui às lágrimas. O choro durou quase quinze minutos. Supliquei aos espíritos ao meu redor: "Se querem que eu escreva, deixem-me em paz. Ajudem-me, mas não mexam comigo emocional e fisicamente". Eles me atenderam e me deixaram em paz.

Este é um livro inspirado. Eu, Ricky Medeiros, escrevi as palavras nestas páginas. No entanto, as palavras são trazidas até vocês por espíritos de luz que estão ao nosso redor. Tudo que pedem é que leia, reflita e amadureça.

A prisão citada neste livro é Terrell, sede do abominável corredor da morte do Texas. No entanto, tal setor nunca foi efetivamente usado até 1999. Antes disso, os condenados à morte aguardavam a execução de suas sentenças na prisão Ellis, em Huntsville, Texas.

Eu decidi que a história se passaria na unidade de Terrell, mas usei como base as instalações físicas de um corredor da morte ainda mais odioso e aterrorizante: o da Prisão Estadual de Oklahoma, em McAleister. Enquanto o Texas executa mais prisioneiros por ano do que qualquer outro estado americano, o corredor da morte de McAleister sobressai por sua crueldade.

Assim, apesar de ter tomado algumas liberdades dramáticas e literárias, esta é uma história verdadeira. Mas vocês já devem ter ouvido o ditado: "A verdade é mais estranha que a ficção". Mantenha isso em mente enquanto lê este livro.

Também mantenha em mente que nada acontece por acaso; nem mesmo um cruel assassinato.

1

As histórias espíritas não têm começo nem fim

Um livro precisa de um autor. Alguém tem de sentar e datilografar as palavras que formam as sentenças contando as histórias que fazem o livro. Não fui eu quem sentou e datilografou as palavras que vocês estão prestes a ler.

Eu não posso. Sou um espírito, e portanto sou desprovido do equipamento básico, como dedos, para datilografar. Assim sendo, estou usando alguém de seu plano terrestre. Ele tem os dedos que eu não tenho.

O que faço aqui além de escrever?

Antes de tudo, meu nome é Maryanne e, na realidade, este livro é uma espécie de bico. Minha ocupação principal é ser guia. Existem vários tipos diferentes de guias, mas minha missão é ajudar os que deixaram o plano terrestre (morreram, em outras palavras) a se ajustar à dimensão espiritual ou astral. Às vezes, é um trabalho fácil; outras vezes, difícil. Mas é sempre interessante. Como esta história: é sobre a minha primeira missão como guia.

Existem alguns autores muito famosos neste plano. Quando eles descobriram que eu estava inspirando um espírito terrestre a escrever um livro, vieram cheios de conselhos. Mas, como o objetivo deste livro não é o de ganhar um prêmio Nobel de literatura, decidi ignorar a maioria deles. Eu e o espírito terrestre que está sendo usado queremos apresentar uma história simples, fácil de entender, onde algumas verdades eternas possam ser explicadas.

Então, nada de prêmio Nobel!

No entanto, aqui está um dos conselhos que vou seguir: "Maryanne, uma história deve ter um começo, meio e fim", eles disseram.

Bem, isso pode parecer óbvio, mas não é assim tão fácil quanto aparenta. Este livro tem muitos começos, porque são muitas histórias: há a minha história e como cheguei aonde estou, há a história do médium, a história do assassino e a história de suas vítimas.

Quando esses escritores viveram na Terra, eles escreveram sobre o dia-a-dia e situações comuns no plano terrestre. Este livro é diferente: parte dele se passa aqui nas vibrações espirituais. As histórias terrestres têm um começo; as histórias espirituais não têm começo. As histórias terrestres têm um fim; as histórias espirituais são eternas. Personagens de histórias terrestres vivem em parágrafos bem organizados; personagens espíritas vivem relacionamentos intimamente entrelaçados com carma, que podem às vezes durar séculos. As histórias terrestres são ficções baseadas em fatos; as histórias espirituais são realidades baseadas na verdade.

Mas eu tenho de começar de algum lugar. Então, a história começa com Harry Clark. Ele é um médium que nunca quis ser um médium.

Assim eu contarei a vocês sobre mim, e vocês começarão a entender como todas as nossas vidas são inter-relacionadas. Nada é por acaso, meus amigos.

Finalmente, vocês conhecerão Tom e David. Pode-se dizer que foram esses dois que reuniram todos nós.

Mas o personagem principal não é uma pessoa, nem sequer é um espírito. Trata-se de uma força chamada carma. Entretanto, diferente dos personagens de outros livros, carma não é o herói ou o vilão; ele existe a partir do que nós produzimos.

Enquanto o carma não tem nenhuma fala nesta história, ele nos fala em todos os momentos de todos os dias. Pode-se dizer que o carma é o personagem principal da vida de todos nós.

2

Eu não quero ver mais

O pequeno hall acomodaria confortavelmente quarenta pessoas. Em uma noite comum de quarta-feira, apenas dez ou doze utilizavam as quarenta cadeiras de metal dobrado. Mas, nesta noite, mais de cem pessoas se acotovelavam no interior da pequena capela, a grande maioria em pé, com as costas contra as paredes.

Todos que estavam ali tinham marcado hora; mais de quinhentos outros foram dispensados ao longo da semana. Aqueles com sorte o bastante para caber no pequeno cômodo vieram de todos os lados da cidade, de algum modo achando o caminho para aquela pequena, desorganizada casa que sediava a Primeira Igreja Espiritualista de Houston. A maioria deles nunca havia pisado naquele lado da cidade antes e, possivelmente, jamais o faria novamente.

A multidão estava impaciente. Era uma noite quente e úmida, mesmo para julho no Texas. A igreja, que mal tinha dinheiro para consertar suas goteiras, não tinha ar condicionado e a temperatura chegava à casa dos trinta e cinco graus. Os suados espectadores rezavam para que aquela noite não fosse lembrada apenas por causa do calor insuportável. Cada uma das pessoas sentadas ou em pé no calorento e sufocante recinto estava lá por uma razão: elas esperavam ansiosamente uma prova.

Prova... Podia vir numa palavra, numa frase, num sinal, nome, qualquer coisa.

Alguns queriam notícias do pai ou mãe falecidos há tempos; outros procuravam desolados um filho morto, um irmão ou amigo. Eles assavam naquele ambiente quente e apertado por causa de Harry Clark. Ele é um médium.

Harry sentou-se silenciosamente na parte da frente do salão, avaliando o público. O médium não apenas via o grupo ansioso mas também via e ouvia centenas de espíritos invisíveis no cômodo, enfileirados para serem atendidos.

— Quero falar com minha esposa. Diga a ela que estou bem. Meu nome é Billy — pressionava um espírito plantado em frente a uma moça muito bem vestida.

— Minha mãe e meu pai estão aqui — um adolescente sussurrava. — Diga a eles que não foi culpa deles. Eu usava drogas. Estou bem, estou indo bem. Por favor peça a eles que tomem conta de Donovan, meu cachorro. Se disser Donovan, vão saber que sou eu.

Harry concentrou-se no espírito de um jovem e atraente rapaz com as mãos apoiadas em um homem sentado na terceira fila.

— O nome dele é Jeff. Eu era seu amigo, nós fomos namorados — disse o espírito. — Conte a Jeff que ele está muito doente, mas não deve se preocupar ou ter medo. Nós estaremos juntos em breve. — O médium anotou mentalmente: falar com Jeff em particular.

Havia incontáveis outros espíritos trazendo mensagens, e eles, assim como os presentes, esperavam que ele começasse. Harry faria o possível para atender a todos.

Sentado em sua cadeira e ouvindo parcialmente enquanto o pastor da igreja o anunciava, o médium divagava através do tempo, voltando a quando tinha cinco anos de idade e viu e ouviu espíritos pela primeira vez.

Ele se lembrou de sua mãe contando ao seu pai, depois que o ouviram falando com um de seus "amiguinhos":

— Isso é normal nessa idade. Minha mãe disse que eu também tinha coleguinhas imaginários.

Os "coleguinhas imaginários", todavia, ainda estavam com ele quando completou dez anos, e Harry aprendeu a manter suas visões e sussurros para si mesmo.

Harry percebeu que um dos "coleguinhas" estava sempre ao seu lado. Esse espírito amigo se chamava Bob. Bob era seu protetor: sempre que os espíritos feios e sombrios se aproximavam, Bob os botava para correr.

— Pense em mim como o irmão mais velho que você nunca teve — brincava Bob.

Se Harry tinha qualquer dúvida, Bob as resolvia. Quando o menino fez treze anos, Bob lentamente abriu um pouco mais a janela de Harry para o mundo espírita.

— Nós não estamos mortos, você sabe. Alguns de nós estão mais vivos do que você — contou-lhe o espírito.

O garoto de treze anos de idade perguntou a Bob por que alguns espíritos são diferentes dos outros:

— Uns são amigáveis, como você. Mas existem outros tipos. Eles são sombrios e mal-humorados. Eu não me sinto bem quando eles estão por perto. Eles me assustam.

Bob riu e descreveu as similaridades entre os planos terrestre e espiritual.

— Na Terra também não existem pessoas de que você gosta e outras de que não gosta? Nós temos todos os tipos de espíritos aqui. Alguns são afinados com as vibrações luminosas e outros não estão prontos ou escolheram não viver em harmonia com a luz.

Bob instruiu Harry a fechar os olhos por um segundo, pedindo ao garoto que imaginasse duas faixas bem distantes entre si e de cores diferentes.

— Crie a maior distância possível entre as duas faixas — disse o espírito.

— Que cores elas devem ter? — perguntou Harry.

Bob riu e disse ao menino que podia dar a elas a cor que bem entendesse.

— Isso não vai fazer nenhuma diferença — explicou. — Apenas devem ser cores diferentes e as faixas devem estar bem separadas uma da outra.

Quando Harry informou que a imagem já se formara em sua mente, Bob explicou:

— Existem espíritos que vivem na faixa de cima e outros que vivem na de baixo. Está vendo todo o espaço que há entre elas? Existe ali um número infinito de vibrações e espíritos, dependendo de suas próprias escolhas e níveis de evolução, ocupando todo aquele espaço também. Logo você vai aprender a lidar com os mais diferentes níveis de espíritos vivendo tanto na Terra como na dimensão astral.

O garoto queria saber mais, e Bob, pressionado, disse:

— Você tem um talento que por vezes acha que é uma maldição. No entanto, tem a chance de ajudar espíritos na Terra e do lado de cá. Depende de você.

O menino perguntou:

— Por que eu?

Antes de responder, Bob lembrou que estava falando com uma criança. Muito embora o espírito de Harry tenha vivido incontáveis vezes antes, agora ele estava em um corpo físico de treze anos de idade. O guia sabia que havia algumas coisas que não podia contar a um espírito cuja personalidade terrestre ainda não estava desenvolvida emocional e intelectualmente.

— Nada é por acaso. Há uma razão para tudo. Harry, você viveu muitas vidas. A soma total de suas ações, pensamentos e experiências o trouxe até onde está hoje. Encare desta forma: cada encarnação é uma peça de tecido, e cada peça é diferente da outra. Estenda as diferentes peças uma ao lado da outra e as costure. Logo terá uma colcha. Peças únicas e separadas formam um todo.

Bob fez nova pausa. Ele queria contar ao menino sobre uma determinada roupa entre todas as que Harry possuía. Contudo, mais uma vez, o guia precisou preparar com exatidão o discurso que ia fazer ao garoto.

Além da idade do menino, Bob estava preocupado com algo mais. Um espírito nascido na Terra precisa se libertar de seu próprio passado. Um espírito encarnado não carrega com ele nenhuma lembrança de suas vidas passadas porque um espírito tem de ser livre para escolher seu caminho diante das escolhas diárias e constantes que se apresentam a ele. O livre-arbítrio, em outras palavras, não pode ser influenciado por culpas passadas.

Bob sabia que poderia apenas dar uma dica sobre um certo tecido que era parte da colcha de Harry.

— Sabe aqueles espíritos mal-encarados que você viu, os sombrios? Você já foi parte daquela vibração — disse o guia gentilmente ao menino.

Harry respirou profundamente, mas não disse nada. Bob continuou:

— Não posso lhe dizer mais. Ainda não é a hora. Mas o que eu posso dizer é que não se incomode com o que foi um dia; comece a entender o que pode vir a ser. Seu espírito aprendeu, cresceu e evoluiu fora da escuridão e das vibrações densas. Você já não é parte deles. Mas por causa de algumas de suas escolhas no passado, Harry, você está em dívida com a Criação. Então um talento lhe foi emprestado. Sua mediunidade não é um presente; é uma ferramenta. Você a aceitou antes de nascer e pode usá-la do modo que quiser. A escolha é sua.

Harry absorveu as palavras de Bob e exprimiu sua compreensão:

— Foi-me dado algo que me ajudasse a pagar por algo que fiz.

O garoto ficou satisfeito ao perceber que tudo parecia se encaixar.

— Isso se chama carma, moleque — brincou Bob. — Você tem uma poderosa e preciosa habilidade. Foi-lhe dada não para prever o ganhador das corridas de cavalo, o resultado da loto ou qual celebridade vai se divorciar no ano que vem.

Num tom mais sério, o guia disse que Harry tinha a chance de ajudar outros a encontrar seus caminhos.

— Use isso inteligentemente — disse Bob. — A escolha é sua. Você pode usar seu talento para ajudar e pode também ignorá-lo. Depende de você. E, sejam lá quais forem as escolhas que fizer, elas também farão parte daquela colcha.

Enquanto o garoto digeria as palavras, o "irmão mais velho" sussurrou:

— Leia alguns livros. Aprenda sobre médiuns, reencarnação e carma. Descubra por si mesmo por que você pode me ver e ouvir enquanto outros não podem. Isso não é nenhum mistério. Na verdade, Harry, para você, é tão natural quanto respirar.

Quando completou quinze anos, o rapaz havia devorado cada livro que encontrou sobre paranormalidade, metafísica, fenômenos psíquicos, budismo e espiritismo. Ele era um expert na vida após a morte, não apenas pelo que leu mas também pelo que viveu.

Aos dezesseis, ele decidiu contar à sua mãe. Seu cachorro, Victor, tinha morrido havia poucos dias.

Harry entrou na sala de estar de sua casa, onde sua mãe, Sara, assistia às novelas vespertinas.

— Mãe, eu tenho de falar com você sobre uma coisa.

O adolescente tinha ensaiado aquele diálogo várias vezes. Mil pensamentos cruzaram sua mente quando Sara, indiferente, desviou sua atenção da TV para ele.

"Ela vai rir", um dos pensamentos dizia.

"Ela vai pensar que está louco, ela vai chamar um psiquiatra", outro alertava.

"Provavelmente dirá que é uma fase, ela sempre diz isso", apressou-se um outro.

— Claro, o que você quer? — ele ouviu sua mãe responder.

Harry sabia que ela estava se sentindo incomodada. Sara era fanática pelas novelas da tarde, mas tinha de ser agora ou nunca. Ele tinha de contar a alguém e seria bom se fosse ela.

O rapaz foi direto ao assunto.

— Mãe, você sabe o que são médiuns?

Confusa, ela disse que não tinha a menor idéia, e, esperando que Harry fosse embora, manteve um ouvido e um olho pregados no televisor. Ela estava mais interessada em descobrir se John era mesmo o filho ilegítimo de Susan e se ele era o pai do bebê que Clarissa esperava.

Tomando longo fôlego, Harry respondeu o que ele mesmo havia perguntado.

— Médiuns são pessoas que vêem e ouvem espíritos — e, indicando a TV com a cabeça, continuou: — Você sabe, como quando aquela mulher foi ao programa de entrevistas e previu o assassinato do presidente Kennedy. Jeanne Dixon.

Sua mãe, esquecendo a novela, dedicou a ele sua total atenção:

— Ela estava no programa de Mike Douglas, ontem. É uma astróloga, mas eu acho que não é a mesma coisa. De qualquer forma, isso é tudo bobagem. Ninguém pode prever o futuro e ninguém fala com fantasmas. O que se passa com você? — perguntou, voltando a prestar atenção em John, Susan e Clarissa.

O garoto respondeu:

— Nada. Eu andei lendo muito a respeito, só isso. Acredite, mãe, existem muitas coisas por aí sobre as quais nós não sabemos nada.

Sara perguntou por que ele estava tão interessado no assunto. Ele esperou um instante, olhou nos olhos dela e declarou sem mais rodeios:

— Bem, porque sou um.

— Um o quê? — sua mãe quis saber. Ele tinha conseguido captar sua completa atenção.

Agora, aos dezenove anos e sentado naquela igreja, Harry recordava-se de ter conversado com sua mãe até a noite chegar. Ele contou como viu o espírito de seu cachorro deixar o corpo ao morrer, como sabia que sua tia Betty estava morta antes do telefonema que os avisaria e como soube que sua avó materna estava morrendo de câncer.

— Eu vejo um mundo que não sei como explicar. É o mesmo, mas diferente do nosso. Eu o vejo, ouço e sinto. Mãe, eles falam comigo: gente que nem sequer conheço. Vejo espíritos que sofrem, eles me pedem ajuda. Depois há outros que surgem para me ensinar. Eles estão todos à nossa volta.

Sara começou a chorar. Ela achou que seu filho estava tendo alucinações. Entretanto, quando seu pai chegou, eles interromperam a conversa imediatamente, para retomá-la nos dias seguintes. Sua mãe partiu da descrença ao medo, do medo à curiosidade, e, com o passar dos anos, ela e o marido aceitaram o dom do filho, ainda que não o entendessem completamente.

Harry ouviu quando o pastor terminou de apresentá-lo. Em um instante, ele estaria em pé e começaria a transmitir mensagens dos espíritos às pessoas reunidas na pequena igreja.

Ninguém, nem família, amigos ou qualquer outro no salão, tinha idéia de que aquela seria a última vez que Harry usaria seus dotes como médium. Ele havia tomado a decisão um mês antes: já era o bastante. Ele estava cansado.

O tão aclamado dom havia arruinado seu casamento: as pessoas o chamavam altas horas da noite pedindo ajuda. Sua esposa não sabia lidar com isso:

— Você vive mais para seus fantasmas do que para mim — acusou, com raiva.

O tão aclamado dom fez dele um neurótico, segundo seus amigos: ele não tinha tempo para si mesmo. Espíritos estavam sempre pairando ao seu redor, pedindo-lhe que fizesse isso ou aquilo. Ele literalmente não tinha paz de espírito.

E o tão aclamado dom o deprimiu: ele olhava para um estranho e imediatamente batia uma fotografia mental. No mesmo momento sabia quais eram suas intenções e se estas eram boas ou ruins. Às vezes, e isso o deixava aterrorizado, via uma mortalha cinza envolvendo a aura da pessoa. Este era um sinal freqüente de que a energia física do corpo estava se esvaindo e ele sentia que a morte estava bem próxima.

Enfim, basta.

"Depois desta noite, chega. Nunca mais. Vou silenciar todos eles", disse Harry a si mesmo, enquanto se punha de pé.

Ele não diria uma só palavra à multidão. Ele ia lhes dar suas esperanças, suas provas e suas mensagens do além. No dia seguinte, ele simplesmente desapareceria.

Como sempre fazia, Harry iniciou sua preleção com um pequeno discurso.

— Oi, meu nome é Harry Clark. Antes de começar, eu normalmente digo algumas palavras. E elas são sempre as mesmas, eu não tenho muita imaginação — brincava. — Aos que já estiveram em uma de minhas sessões anteriores peço um pouco de paciência.

O jovem médium contava a eles que logo lhes abriria uma porta para um mundo que não estava escondido, apenas não era visível.

— Há uma diferença — ele explicava. — Escondido é algo que você não pode conhecer. Mas vocês estão aqui porque tinham de conhecer este mundo. Eu espero e desejo que, uma vez que esta porta seja aberta, suas vidas jamais voltem a ser as mesmas.

Harry sabia que o grupo estava preparado e pronto para começar. Mas, dramaticamente, ele fazia pausas, deixando elevar o nível de ansiedade da platéia um pouco mais antes de prosseguir.

— Espero que, a partir desta noite, vocês comecem a viver com a certeza de que existe uma vida depois desta, que tiveram muitas antes e terão mais incontáveis ao longo de nossa jornada. E — finalizava — talvez vocês comecem a ver que nossos atos, palavras e pensamentos ecoam pelo universo. Nós somos responsáveis por nossas ações. Mantenham isso em mente e suas vidas mudarão.

"Bem, esta é a última vez que faço este discursinho", Harry disse a si mesmo quando terminou. "Estou fechando a porta para sempre", acrescentou de maneira inaudível.

Mas, pelo canto do olho, Harry notou a presença de um espírito que ele não encontrava havia algum tempo. Era Bob, que conscientemente meneou a cabeça, sorriu e comentou:

— Como eu disse, Harry, a escolha é sempre sua.

— Você está mais do que certo — disse silenciosamente um surpreso Harry ao seu antigo mentor e guia enquanto caminhava até o local em que um casal de meia-idade estava sentado. Harry ia falar a eles sobre um cachorro chamado Donovan.

3

Eu espero por uma missão

Eu sou uma guia. Porém, diferentemente daqueles da Disney World, eu não conduzo turistas através do Reino Animal. Eu sou uma guia espiritual, ajudando espíritos a se libertar da esfera terrestre.

Há 35 anos terrestres, eu me desencarnei depois de ser morta durante uma disputa do tráfico em Los Angeles, nos Estados Unidos. Eu tinha 16 anos, era pobre, negra e revoltada.

Naquela época, eu poderia resumir minha vida na Terra em uma única frase:

"Eu nasci na pobreza, vivi na marginalidade e morri em meio ao ódio."

Também tive um guia que ajudou a achar meu caminho. Seu nome é Bob e eu também posso resumir meus sentimentos em relação a ele em uma única frase:

"Ele foi meu guia, minha luz, e é meu melhor amigo."

Minha passagem da Terra para o plano espiritual não foi fácil. Quando o tiro repentino brutalmente interrompeu minha vida física, fiquei perdida e confusa. Meu espírito pensava que ainda vivia na Terra. Essa característica é comum entre espíritos traumatizados por uma morte violenta e inesperada ou por aqueles que, quando encarnados, jamais pararam para pensar sobre suas vidas espirituais. Eu me encaixo nas duas categorias: minha morte foi feroz e repentina, e eu nunca me importei com os porquês de minha vida.

Bob mudou isso tudo.

Eu não sabia, mas ele estava comigo desde o início, e até mesmo testemunhou meu assassinato. Mas, sabendo que eu não entenderia quem ou o que ele era, Bob esperou até que eu estivesse pronta para se fazer notar.

Para estar pronta demorei quase um ano terrestre. Eu já estava cansada de andar com pessoas que não sabiam que eu existia e começava a sentir que havia perdido alguma coisa. Assim, Bob se revelou. Ainda me lembro da primeira vez que o vi: estava encostado em uma cabine telefônica a poucas quadras da casa de minha mãe. Ele sorriu para mim.

"Finalmente", pensei, "alguém que sabe que estou viva."

Mas imediatamente me desapontei:

— A primeira pessoa que me via depois de quase um ano era um sujeito branco, barrigudo, com barba por fazer, cabelos grisalhos e uns sessenta anos de idade. Você parecia o dono de uma mercearia decadente", ironizei mais tarde.

Logo percebi que Bob era mais do que um velhote branquelo, e ele logo me mostrou que eu era mais do que uma menina revoltada, negra, de dezesseis anos. Ele me apresentou um mundo inteiramente novo e eu descobri que o que eu pensava ser real era penas ilusão.

Lembro de olhar para as ruas que eu pensava conhecer tão bem. Olhando, como se fosse a primeira vez, as casas rotas com seus gramados despedaçados e as lojas vazias com janelas de tábua abertas e esperanças encerradas.

Foi ali que nasci. Foi ali que vivi e, finalmente, onde morri. No entanto, apesar de tudo parecer igual, tudo estava diferente. Assim como eu. Em um instante, finalmente entendi que não pertencia àquelas ruas, já não vivia naquele quarteirão, nem fazia mais parte do plano terrestre.

Porém não houve alegria, alívio ou felicidade nessa descoberta. O ódio tomou todo o meu ser. Odiei minha morte, me revoltei por ter sido assassinada antes mesmo de ter uma chance de viver. Meu espírito não conseguia aceitar a injustiça dessa curta vida na Terra.

— Por que — gritei — eu nasci pobre e negra? Por que fui morta aos dezesseis anos? Por quê? Eu vivi e morri na miséria, enquanto outros tinham coisas com as quais eu só pude sonhar.

Bob ouviu, deixando-me desabafar a fúria que queimava em

minha alma. Ele falou sobre aquela raiva e me ajudou, com o passar dos anos, a entender todo o meu ressentimento, revolta e ódio.

Muitos anos terrestres se passaram desde que perambulei pelas ruas de Los Angeles. Eu evoluí da minha raiva, amadureci a partir do meu ódio e transformei o ressentimento em compreensão.

Já não vivo mais em Watts, Califórnia. Atualmente, não vivo em lugar nenhum. Não tenho um lar, porque não preciso me proteger do frio; não tenho endereço, porque vivo onde meus pensamentos e vibrações me levam. Agora mesmo, esses pensamentos e vibrações me trazem perto da esfera terrestre, porque é onde meu trabalho está. Eu sou uma guia, uma luz e orientação para espíritos que perderam seus caminhos.

Fui guia por uns dois anos terrestres, e a história que vou contar é sobre minha primeira tarefa.

— Lembre-se do que vou lhe dizer, que um dia isso pode lhe servir: todos os espíritos são iguais, mas cada um de nós é único. — Bob disse essas palavras. Ele veio me ver enquanto eu esperava ansiosamente que aquela missão começasse.

Sempre prestei muita atenção ao que ele dizia. Ele me ensinou bastante desde aquele encontro numa esquina de Los Angeles.

— Espíritos são únicos porque temos experiências especiais absorvidas de diferentes encarnações — explicou ele —, mas nós somos iguais porque todos fomos criados igualmente. Você acredita honestamente que o Criador daria alguma vantagem a alguém?

Eu ri. Depois de tantos longos anos de estudo, eu sabia que ele estava certo: não poderia existir equilíbrio e harmonia se um simples espírito fosse feito melhor ou mais evoluído que outro.

No entanto, como sempre, Bob levou sua aula adiante.

— Todos começam iguais. Cada espírito escolhe se desenvolver em seu próprio caminho, evoluir em si mesmo o brilhantismo de um Einstein, a criatividade de um Michelangelo ou a harmonia inspiradora de um Ghandi.

Eu entendi. Através da meditação e reflexão, eu soube que todo espírito tem seu único e importante lugar na Criação.

— Não faz nenhuma diferença se você é um rei ou presidente em uma vida. Em outra, dependendo do carma e estágio da alma, você pode ser um açougueiro ou uma costureira — acrescentei.

— Isso é verdade — disse Bob, mas alertando: — Logo você estará lidando com todos os tipos de espíritos. Você cruzará com alguns que alcançaram a luz e outros que preferem a escuridão. E você vai descobrir que não há muita diferença entre os dois.

— Como pode não haver diferença entre a luz e a escuridão? — disparei.

Como sempre, Bob estava me provocando. Ele adorava fazer discursos excêntricos e, depois, usando seu sorriso de Buda, fazer tudo ter sentido. Normalmente, eu entrava nessa, e só conseguia rir e esperar por sua explicação.

— Também vivem dentro de nós — sua voz tornou-se profunda — a maldade de um Hitler, a crueldade de um Stálin e a desumanidade de um Charles Manson. Os chamados positivos e negativos são parte de cada um de nós.

Fiz menção de protestar, mas Bob levantou sua mão:

— Só um segundo, ainda não terminei. Pense nisso: nenhum espírito tem mais bem ou mal que outro. Se você acredita que nós todos fomos criados identicamente, então deve aceitar que a luz existe com a escuridão. As chamadas vibrações pesadas do medo, ódio, revolta e ciúme são reais; nós deveríamos aprender com elas, e não nos tornarmos parte delas. É por isso que a esfera terrestre, onde você estará trabalhando, existe. Naquele plano, os espíritos têm de aprender e escolher entre uma vasta gama de vibrações e experiências.

"Viva revoltado, aprenda com a revolta. Aja com ódio, viva em ódio", meditei.

— Viva em harmonia, aprenda com a harmonia. Aja com amor, viva em amor. Cada espírito faz sua própria escolha. Mas como poderia escolher se não houvesse alternativas? Como pode um espírito aprender se não há lições? — argumentou meu amigo.

Como sempre, ele estava certo: fúria, revolta, ódio, medo são partes de nossa bagagem emocional. Cabe a nós saber como e quando usá-los e também cabe a nós saber quando não precisamos mais deles.

Bob me lembrou que o carma é o professor imparcial, incontestável e constante. Pensei que ele ia mudar de assunto, mas vi que estava arquitetando mais sobre o que já tinha dito.

— As pessoas têm uma idéia errada sobre carma. — E, em tom de brincadeira, acrescentou: — Provavelmente isso tem a ver com todos aqueles filmes baratos que Hollywood fez sobre Buda.

Eu só pude rir e dizer que Keanu Reeves não estava muito bem no papel, mas, afinal, quem poderia interpretar Buda?

— Se as pessoas ao menos entendessem — disse ele, aparentando certa frustração — que o carma não é justiça ou retribuição... Não há julgamento ou retribuição. Carma é simplesmente a conseqüência da escolha, ação ou intenção. Ponto final, isso é tudo sobre carma.

Agora que tinha uma idéia de onde ele queria chegar, me adiantei e o ajudei a terminar:

— Carma é circunstância. Um espírito, em qualquer situação possível, pode desenvolver seu próprio brilhantismo de Einstein, a criatividade de Michelangelo ou a harmonia inspiradora de Ghandi.

— Ou pode se conectar às vibrações do ódio, medo e ciúme — disse uma voz que esteve silenciosamente acompanhando nossa conversa. Uma aura branca e suave contornava o espírito que também viria ser um de meus mestres. Seu nome era Clara.

Ela e Bob se conheciam porque Bob também havia sido seu guia. Ela me deu um conselho:

— Ajude espíritos a entender essa regra básica: semelhante atrai semelhante. Eles compreenderão mais facilmente vivendo nas vibrações do amor e harmonia e não mais precisarão ou desejarão qualquer coisa relativa às vibrações pesadas que já foram parte deles.

Bob lançou outra questão:

— E o que acontece quando você não precisa de algo?

Eu e Clara juntas respondemos:

— Você se livra disso.

E Clara acrescentou:

— Ajude-os a se livrarem das correntes de revolta, ódio e medo. Se puder fazer isso, vai ajudá-los a deixar a terceira dimensão da Terra para trás.

Nós todos sabíamos que aquilo não era assim tão fácil quanto podia parecer.

As vibrações inferiores seduzem porque são óbvias e palpáveis; as superiores são geralmente sutis, parecendo estar fora de nosso alcance. Depois de muitas encarnações, um espírito lentamente começa a ver a infelicidade que vem associada à revolta, medo, ódio e ciúme. Apenas quando ele entende que o negativo traz o negativo e ações negativas têm reações negativas, é que o espírito avança para a harmonia das vibrações de luz. E, como nós três dissemos, fica livre do que não precisa mais.

Bob resumiu tudo dizendo:

— Uma vez que um espírito conhece o seu lado negativo, essas emoções já não lhe serão necessárias. O espírito rejeitando essas vibrações abre a si mesmo para a totalidade e harmonia da Criação.

Clara, que tinha sido uma guia por um bom tempo, disse que eu não me preocupasse se parecesse que eu não estava progredindo com os espíritos com quem trabalharia.

— Não existe um prazo final, minha querida — disse Clara. — Todos caminham em seu próprio passo. Cada alma sabe até onde pode mergulhar neste mundo, vivendo no medo ou agindo com ódio e revolta.

Ela sorriu e concluiu dizendo:

— Uma parte do nosso trabalho é estar por perto quando o espírito está pronto para se esvaziar e ficar livre daquilo que não precisa mais.

Eu estava pronta para a minha primeira missão, e, como médicos, advogados e dentistas na Terra, nós guias temos nossas especialidades. A minha era a revolta, medo e raiva, porque eu havia vivido intensamente com essas vibrações.

Bob e Clara se despediram e eu estava por conta própria, aguardando que o Universo me levasse para onde eu era necessária. Meu espírito meditou, em comunhão consigo mesmo e com a luz que preenche todos os cantos da Criação. Nós nos tornamos um só enquanto eu esperava que a missão começasse.

4

A onda

Ainda na hora mais clara do dia eu me livrei de todos os meus pensamentos. Varri de mim mesma todas as expectativas. Eu estava sozinha, esperando pelo sinal que sabia que viria. Repetidamente, eu recitava:

"Eu e a Criação somos um. Todo ser vivo e eu somos partes do Universo. Nós somos sua energia e vibração."

Eu pensei em Deus.

"Sua força é infalível, inabalável e constante. A força está sempre evoluindo, crescendo e expandindo. Uma faísca divina de sua energia está em toda vida. A fagulha está em mim."

Comecei a flutuar em brisas cósmicas suaves e delicadas. Eu ouvia os pensamentos de Clara se misturarem com os meus. Minha professora estava gentilmente me lembrando de como o carma nos associa à Criação.

"Sem o carma", seus pensamentos sussurravam, "seria o caos. A vida não seria nada além de acasos sem ordem ou razão. O carma traz sentido à vida. Preste atenção e verá que o Universo constantemente está enviando sinais."

Eu sabia tudo sobre esses sinais e até já tinha um apelido para eles: ondas. Usei essa palavra porque eles o fariam flutuar até onde você deveria estar. E, quando o assunto era o Universo, eu já havia aprendido a seguir a correnteza ao invés de nadar contra a maré.

As ondas me deram Bob, uns trinta e cinco anos atrás. E agora, dez anos depois, muitas e diferentes ondas me trouxeram aonde estou; um espírito de luz em busca de uma missão. Eu estava pronta para que o Universo me encontrasse.

Ele me encontrou.

A onda é suave e delicada. Sutilmente me arrasta ao plano terrestre. Uma série de rápidas imagens desfilou em minha frente, trazendo-me para uma sala pequena de blocos azul-claros.

O quarto está frio e vazio, exceto por uma maca colocada no meio do chão de linóleo cinza. Um fino travesseiro repousa no alto da maca e pequenos tubos de plástico transparente ondulam sobre o lençol verde-escuro da pequena cama.

Meus sentidos se afinam com a sala: é fria, sem vida e sinistra. Eu sigo os finos tubos que serpenteiam pela parede. Ainda na maca, vejo uma pequena e débil depressão no travesseiro; foi formada por uma cabeça humana. Atrás de mim, grossas cortinas em bege emolduram um plástico transparente entalhado na parede azul acinzentada.

Não há janelas nesta sala e o ar é rançoso. A única luz é branca e angustiante, vinda de três lâmpadas fluorescentes zunindo bem em cima da maca.

Mais uma vez, minha atenção está voltada à maca. É diferente de qualquer uma que já vi antes; há uma tábua reta e estreita pregada na transversal.

"Parece um crucifixo", pensei.

Então eu vejo as grossas tiras de couro: cinco estão presas ao corpo principal da maca e três estão em cada um dos braços de madeira.

Tremores e calafrios percorrem meu espírito. Esta não é uma maca de hospital e eu não estava em uma sala de operações. A onda me levou a uma câmara letal, no interior profundo de uma prisão. Uma execução tinha acabado de acontecer momentos antes e a sala azul estava quieta e sem movimento.

Eu percebi na escuridão densas vibrações dançando nessa câmara letal. O vermelho quente de revolta, tons amarelos de medo, cores alaranjadas de remorso e listras negras de sofrimento, tudo invisível aos sentidos terrestres, flutuavam ao meu lado no ar azedo e parado.

Fui levada embora, arrastada através das paredes de concreto para a prisão propriamente dita. O silêncio era macabro e metálico, quebrado apenas pelos sons confrontantes de aço batendo e descargas de banheiro. Estou agora no meio de um grande pavilhão de dois andares de concreto. Estou cercada por todos os lados por portas duplas de aço azul acinzentado acomodadas em pequenos trilhos na parte inferior. Respirando atrás daquelas pesadas portas, amontoados do outro lado das grossas paredes de concreto, estão homens que vivem em pequenas celas de cimento. O pavilhão em que estou é um de cinco, e em cada um há uma centena de celas.

Este é o corredor da morte, onde mais de quatrocentos homens aguardam sua vez de caminhar até a fria sala azul, onde estive instantes atrás.

Observo as duas fileiras. Ao lado de cada porta, pintados em preto no branco, estão números: HU411, HU412, e assim por diante. Cada número, uma cela; cada cela, um homem.

Cela número HU345... Um homem que assassinou sua esposa e filho num ataque repentino de fúria e frustração. HU345 está cansado de mofar na gaiola de concreto solitária e sem vida, sob luz fraca. Os internos do corredor da morte passam vinte e três horas por dia em suas celas, e HU345 já não suporta mais a interminável mesmice de seus dias e noites.

Uma vez ele disse que "viver no corredor é apavorante, não apenas porque você está aqui para morrer, mas, até que chegue o dia em que eles lhe enchem de produtos químicos, você sabe que amanhã você ainda estará em sua cela". Este homem já sonhava com a agulha letal que o aliviaria daqueles dias e noites sem fim. Ele já se dera por vencido.

Cela número HU297. Ele é um filho que cuidadosamente planejou o assassinato de seus ricos pais adotivos. Ele está ali há dezesseis anos, chegando quando tinha vinte. Ao contrário de HU345, está, com seus advogados, lutando com unhas e dentes por sua vida. Mas seus apelos estão sendo em vão: a data de sua execução está quase chegando. Durante suas noites insones e dias sem conforto, sua memória reconstrói, repetidamente, as cenas de seu crime. Ele vê os rostos de seus pais adotivos no momento em que atira neles, na cama. Ele ouve a única mãe que conhecera, uma mulher que o incluiu em sua vida quando ele tinha seis meses de idade, gritando aterrorizada enquanto as balas do revólver do filho fazem o sangue de seu marido espirrar por todo o quarto.

HU297 luta por sua vida nos tribunais porque tem pavor da morte. Ele tem medo de encontrar os rostos que vê durante as noites intermináveis em seu cubículo de concreto.

Cela número HU324... Um homem no lugar errado, na hora errada. Ele é inocente. Ninguém ouviu seus protestos. Se você ouvir estes prisioneiros, todos são inocentes. Ele vai se deitar na maca no quarto azul-claro e morrer.

HU324 repousa em sua estreita cama, olhos vidrados no teto inacabado de concreto. Nenhuma luz solar alcança sua cela; esta prisão foi construída sob o solo e coberta com dez metros de terra texana. A caminhada de HU324 pelo corredor até a maca em forma de cruz está definida: um mês contando a partir do dia seguinte. Ele fica imaginando por quê. Ele é um homem inocente na iminência de encarar "a estaca", apelido da seringa que injetará o químico letal em suas veias. Ele fica imaginando por quê.

Eu queria poder dizer a HU324 que, enquanto ele é uma vítima de um erro brutal, não existem acasos e nada acontece sem razões. Mas eu não estou aqui por causa deste homem. Posso ver que três guias já estão a seu lado. Aceno para eles, que pesarosamente acenam de volta. Tenho certeza de que vão ajudar esse homem a ver o que estes oito anos no corredor da morte significam.

As mesmas vibrações vermelhas, amarelas, alaranjadas e negras que estavam na câmara da morte habitam as filas duplas de corredores da prisão. E, como traças esvoaçando em volta de uma lâmpada, vejo a formas sombrias e cinzentas de espíritos desencarnados alimentando-se dessas vibrações.

Essas sombras não são novidade para mim; elas vivem nas vibrações mais inferiores do mundo astral. Estes são espíritos vivendo longe da luz, presos e atraídos pelas vibrações negras da angústia, pelo vermelho quente da revolta e tons amarelos do medo. Como aqueles homens que respiram atrás das portas cinzentas em tumbas de concreto, estes espíritos também são prisioneiros. No entanto, eles não estão trancados nas celas; seus próprios sentimentos de revolta, fúria e ódio os acorrentam.

Outro puxão, e a onda me leva para fora da fria vibração cinzenta de desespero. Mas sei que ainda vou voltar. A cela número HU245 está vazia. Um calafrio percorre todo o meu ser quando entro. Não é maior que um banheiro comum. Não há janelas, apenas uma pequena e opaca lâmpada coberta por uma rede de aço. A fraca luz ilumina vagamente a pequena sala, mas eu posso ver uma cama estreita sobre um bloco de concreto que aflora na parede cimentada. Há uma privada e uma pia de aço brilhante parafusados na parede oposta à porta de aço cinzento. Sobre o bloco de concreto que serve como cama, há uma estante de concreto. É uma área para guardar coisas, onde o prisioneiro pode colocar o que tiver de pertences pessoais. Isso é tudo na cela HU245. Ela está à espera de um novo hóspede.

A onda continua arrastando, levando-me para uma pequena e branca casa em uma silenciosa rua de três faixas na cidade de Houston, Texas, Estados Unidos da América. A suave maré me despeja no quarto do andar de cima do pequeno lar.

O quarto está vazio, o sobrado em silêncio; ninguém em casa. Tudo quieto e tranqüilo. Mas, à distância, vejo um redemoinho negro e vermelho se aproximando. Tudo que posso fazer é esperar pelos eventos que vão ter lugar neste calmo quarto.

Minha missão me encontrou.

5

Os últimos vinte minutos de Tom

Tom Phillips era um homem racional. Talvez por isso ele amasse os números.

Até onde ele podia se lembrar, sempre foi atraído por sua consistência e lógica. "Não importa o que aconteça", ele sempre dizia, "um é sempre um".

Ele também vivia a vida "pelos números". Tom era metódico, limpo e organizado. Ele se formou no segundo grau aos dezessete anos e entrou para a Universidade A&M do Texas com uma completa bolsa de estudos com ênfase, sem surpresa para ninguém, em matemática. Aos vinte e seis ele conquistou o doutorado em pesquisa matemática aplicada.

Um ano antes disso, casou-se, e nunca a máxima "opostos se atraem" foi tão apropriada.

O nome de sua esposa era Elizabeth Del Rio. Ela vivia conforme o nome. Sua paixão pela vida era, como em um rio, selvagem e turbulenta. A paixão e o amor de Tom por Elizabeth preencheu um vazio na vida limpa, lógica e previsível que ele havia planejado para si mesmo.

O casal também era o oposto fisicamente.

Ele tinha mais de um metro e oitenta de altura, com cabelos louros e curtos, ossos da face proeminentes e testa larga. As pessoas raramente adivinhavam o que ele estava pensando; Tom quase nunca deixava qualquer tipo de emoção transparecer em seus olhos azuis e observadores.

Elizabeth era baixa, mal chegava a um metro e sessenta, e tinha longos, fartos e lisos cabelos negros. Contudo, eram seus olhos o que mais chamava a atenção alheia. Não eram sem emoção, como os de Tom; os dela eram profundos, negros, vivos, descuidados e perspicazes.

Tom estava feliz. Elizabeth abriu as portas para uma vida que ele jamais ousaria iniciar sozinho.

Elizabeth estava feliz. Ala amava seu belo e jovem professor que lhe trouxe estabilidade.

Tom era tímido e temia suas emoções. Era difícil para ele sair da concha que cuidadosamente construiu ao seu redór, mas Elizabeth constantemente o instigava a sentir todas as emoções que a vida podia oferecer.

O mundo dele era em preto-e-branco, mas o dela era um mosaico de azuis, rosas e violetas.

Eles se amavam muito, e ainda se amam.

Estavam casados havia cerca de dois anos quando compraram uma casa numa rua larga num calmo subúrbio de Houston. Era o lar dos sonhos de Elizabeth: branco, com três quartos, um sobrado no estilo colonial. Ela dizia que a única coisa que faltava era uma criança.

Tom achava que deviam dar um tempo antes de começar uma família:

— Vamos deixar a vida se ajeitar um pouco — disse a ela.

Ele acabava de iniciar sua carreira como professor universitário, e Elizabeth, que se graduou em artes dramáticas, lecionava em um colégio local de Houston.

Mas Elizabeth, sendo Elizabeth, queria uma criança o quanto antes:

— Assim, nós três podemos começar nossas vidas juntos.

Como sempre, Elizabeth ganhou. Jessica nasceu.

E, como sempre, Elizabeth estava certa: suas vidas começaram quando a menina nasceu.

Se Elizabeth era a paixão de Tom, Jessica era sua luz. Desde o momento do nascimento, a pequena garota passou a ser uma extensão dos braços do pai. A vida era boa e plena, enquanto os três criavam raízes no sobrado branco.

Os anos não passavam depressa. Passavam lentamente, e cada dia era vivido e saboreado.

A vida era boa.

Tom estava agora com trinta e um anos, Elizabeth tinha vinte e seis, e Jessica, a queridinha de Tom, tinha três. A criança era linda, quase angelical. Tinha cabelos louros cacheados, bochechinhas gordas e, ao contrário dos de seu pai, seus olhos eram profundos e sagazes.

Tom era marido, professor universitário e pai. Ele recebeu uma verba do governo para suas pesquisas, tinha artigos publicados em uma prestigiada revista acadêmica e construía um nome sólido nos círculos acadêmicos.

A vida era boa.

Elizabeth tomava conta de Jessica e à noite tinha voltado a estudar, fazendo aulas de criação literária. Ela queria escrever uma peça de teatro.

A vida era boa.

Tom era o devotado pai de Jessica. Ele sussurrava enquanto ela dormia em seus braços:

— Sou seu papai, seu amigo e seu protetor. Sempre estarei ao seu lado, querida.

A vida era boa.

Jessica tinha três anos e seu mundo eram as flores do quintal da família, as borboletas que esvoaçavam e fugiam quando ela corria atrás delas e sua amizade com um garotinho do outro lado da rua.

A vida era boa.

Então isso acabou.

Suas vidas foram interrompidas mais ou menos vinte anos atrás, naquele pequeno quarto no andar de cima, em Houston, onde, invisível e pacientemente, eu aguardava.

O relógio digital no criado-mudo de Tom marcou a hora: dez da noite, numa sexta-feira.

Jessica dormia no lado da cama que era de Elizabeth. A menininha queria esperar acordada pela mãe, mas, como sempre, não conseguia manter seus olhos abertos. Tom, trajando bermudas e camiseta, estava sentado em uma cadeira ao lado da cama, vendo TV.

Ele estava preocupado com Elizabeth. Ela devia estar em casa meia hora atrás. A faculdade onde ela fazia seu curso literário ficava a dez minutos de carro dali.

"Talvez ela tenha parado para fazer compras ou para uma cerveja com os amigos", pensou. "Ela logo vai estar em casa", acalmou a si mesmo.

Os números no relógio digital mostravam onze horas. Ele sabia que alguma coisa estava errada. Elizabeth não era assim.

"Ela teria me ligado para avisar, se fosse ficar até tarde", afligiu-se.

O telefone estava quieto.

Tom desligou o televisor. O quarto estava quieto. Ele escutou os sons que vinham da rua, esperando ouvir o reconfortante barulho do carro dela entrando na garagem.

Nada.

Os minutos se alongavam agonizantemente até quinze, vinte e trinta. O sono de Jessica ficou agitado.

Os números digitais silenciosamente mostravam a hora: quinze para a meia-noite. Nada de Elizabeth. As ruas estavam quietas. Assim como o quarto. Os únicos sons vinham da respiração pesada de Jessica e das batidas de seu próprio coração.

Nada vinha da rua lá fora. Nada vinha da garagem. Nada de Elizabeth.

Tom foi até o telefone, ao lado do perturbador relógio. Ele estava prestes a chamar a polícia quando ouviu o ruído familiar do carro de Elizabeth entrando em sua garagem.

A ansiedade rapidamente se transformou em alívio, tão rapidamente quanto o alívio se transformou em irritação.

"Por que não ligou? Onde você estava? Como pôde nos fazer esperar?", dizia para si mesmo.

Ele colocou o fone no gancho, pulou da cama e correu para a porta do quarto. Tom escutou o som das chaves na porta da frente. Porém, ainda no alto da escada, ele percebeu que alguma coisa estava muito errada. Quem quer que estivesse com as chaves, não as acertava na fechadura, colocando uma, depois outra, depois outra no buraco, até encontrar aquela que serviu.

Ele se atirou de volta para o quarto. Jessica dormia, sem saber que sua mãe estava atrasada e que havia um estranho na porta da frente. Tom trancou a porta do quarto sabendo que suas frágeis dobradiças jamais manteriam o estranho do lado de fora.

Ele foi até o telefone e discou o número de emergência da polícia. Ele esperou... esperou... esperou a telefonista atender do outro lado.

Tom ouviu o intruso praguejar quando tropeçou em algum dos móveis. Tom começou a suar frio enquanto os passos do estranho subiam a escada para o andar de cima. Seu coração disparou esperando a polícia atender a ligação.

Meia-noite e um.

Seus olhos vasculharam o quarto, procurando desesperadamente por uma arma.

Não havia nada... Talvez um abajur para atirar em quem quer que estivesse subindo as escadas. Não havia nada... Talvez ele pudesse atacar o estranho com a tesoura deixada sobre o criado-mudo de Elizabeth.

Os toques cessaram. A polícia estava na linha.

— Arrombador... na estrada Olive Branch, 567. Ajudem agora — sussurrou depressa. Instintivamente, não desligou o telefone, mantendo a conexão ativa. Foi engatinhando até a porta do quarto, parando apenas para apanhar a tesoura.

Rente à porta, ouviu a respiração do homem do outro lado.

— O que você quer? — Foi a única coisa que conseguiu pensar em dizer. Tentou de todo jeito esconder o forte medo em sua voz.

A resposta chegou por meio de uma voz jovem e rouca.

— Abra a maldita porta ou arrebento com ela, meu chapa.

— Espere um minuto... Eu tenho dinheiro. Deixe-me pegar minha carteira. Eu passo todo o dinheiro e os cartões de crédito por baixo da porta. Deixe-nos em paz.

Tom percebeu que choramingava de medo enquanto falava. Ele sentiu o terror gelar seu estômago. Olhou para Jessica, ainda dormindo, e agradeceu a Deus por ela inocentemente ignorar o drama que se passava a pouco mais de um metro dela.

— Quanto você tem? — quis saber a jovem voz.

— Já digo a você, me dê um segundo para contar — respondeu Tom, alcançando a carteira no guarda-roupa à sua esquerda.

Meia-noite e quatro.

Ele olhou para o telefone, ainda fora do gancho, e rezou para que o socorro estivesse a caminho.

— Cinqüenta. Cinqüenta dólares e cartões de crédito. É tudo que eu tenho, verdade — informou ansiosamente.

— Merda, cara, você tem de ter mais do que isso — a voz disparou de volta.

Sem avisar, o intruso arrombou a porta e então a voz passou a ter um rosto: branco, jovem, uns vinte e cinco anos, cabelos fartos e pretos, olhos castanhos saltados. E, na mão direita, um revólver. O estranho vasculhou o quarto com seus olhos tensos, parando no criado-mudo, onde viu o fone fora do gancho.

Ele riu abafado. Mantendo a arma apontada para o peito de Tom, o estranho calmamente caminhou até o telefone, tomou o aparelhou e sarcasticamente falou:

— Cancelem a pizza — e riu no bocal. Depois arrancou o fio da parede.

Jessica acordou.

— Papai, o que está acontecendo? Quem é ele? — grita ela, e Tom vê o medo nos olhos azuis arregalados de sua garotinha. Ele olha impotente enquanto a sensação se espalha, tomando todo o ser da criança.

Ainda apontando a arma para Tom, o estranho cabeludo voltou-se para Jessica.

Muitos anos depois, Tom me contou que deveria ter tentado atacar o intruso naquela mesma hora:

— Mas apenas fiquei lá, no alto dos meus um metro e oitenta e seis, de bermuda e camiseta, grudado no chão e aterrorizado.

— Dormindo com a menina — debochou o homem — enquanto estive dormindo com sua esposa — acrescentou com um gracejo. — Bem, talvez não dormindo com ela, mas comendo. Como você acha que consegui as chaves, bundão?

Ele riu quando Tom perguntou onde ela estava:

— Mais perto do que você pensa — respondeu, indicando com um meio sorriso o carro de Elizabeth, pela janela.

Jessica começou a chorar e correu para Tom. O estranho a interrompeu, batendo nela com a mão esquerda. Todavia, o revólver na mão direita ainda apontava para Tom.

— Mantenha a menina sob controle e mande que ela cale essa maldita boca — ordenou.

Tom vagarosamente pôs o dedo sobre os lábios, implorando a Jessica que ficasse quieta. Ela obedeceu, trêmula de pânico sobre a cama.

— O que você quer? — suplicou Tom.

— Mais que cinqüenta dólares — a resposta veio sarcástica. — E é melhor conseguir depressa. Eu não sou nenhum babaca. A polícia vai estar aqui já, já, então levante o rabo daí.

— Juro que é tudo que eu tenho. — Tom começou a chorar. — É seu, leve tudo, os cartões de crédito também — disse, apontando para sua carteira.

— Você acha que cinqüenta vão me deixar feliz, cara? Sua mulher, bem, ela está no porta-malas. Fez muito barulho, está morta. Eu não tenho nada a perder e não estou nem aí. Meu, que perda de tempo é isto aqui — disse, olhando com ansiedade pela janela.

O intruso suspirou e um sorriso torto se formou nos cantos de sua boca. Ele tomou uma decisão.

Tom sentiu um calor molhado descendo por suas pernas. Olhou para o chão e viu uma poça de água a seus pés.

O estranho notou uma mancha crescendo na bermuda de Tom e uma listra amarelada descendo por suas pernas até a pequena poça no chão. Ele riu prazerosamente com a humilhação de Tom.

— Ei, menina, olhe seu corajoso papai: ele está mijando nas calças. Seu papaizão não vai ajudar você, garotinha. Seu papaizão não pode nem se ajudar — disse, gargalhando.

O jovem intruso quase sentiu um orgasmo com a humilhação de Tom. Ele se encheu de poder e confiança, sabendo que tinha o controle da situação.

As emoções de Tom também se tornaram extremas.

Revolta: quem é este canalha? Como pode vir à minha casa e fazer isso?

Fúria: onde está o raio da polícia?

Frustração: o que esse animal fez com a minha esposa?

Medo: o que vai acontecer com Jessica e comigo?

Humilhação: que tipo de homem sou eu, molhando a cueca enquanto um estranho ri? Por que não faço nada?

— Sabe, seu inútil, eu acho que sua mulher gostou mesmo.

Quero dizer, ela tentou lutar no começo, mas, assim que enfiei nela, pedia por mais.

O estranho viu a mancha na bermuda de Tom e debochou:

— Vai ver, é só o que essa coisa é boa para fazer: mijar.

A distância, ouviu-se o som de sirenes da polícia. Por um breve segundo, Tom sentiu-se aliviado. Mas foi só por um segundo.

— A cavalaria vai chegar um pouco tarde para vocês, gente — disse o estranho, imitando um cowboy. — Tenho de sair daqui, não posso levar prisioneiros — acrescentou rindo.

Tom estava paralisado de medo quando o estranho se virou para Jessica. Sem reagir, ele assistiu a como o assassino puxou o gatilho, apagando a luz da vida de sua filha. Um som surdo e rápido, e estava acabado. O sangue da garotinha rapidamente encharcou o lençol da cama.

— Sua vez, bonitão — avisou friamente o matador. — Deveria fazer você cair de joelhos e implorar. Tenho a sensação de que você gostaria disso. Mas estou sem tempo para gracinhas e brincadeiras. É uma pena não podermos passar mais tempo juntos — disse, piscando e sorrindo de modo doentio.

E atirou. Duas vezes.

Estava tudo acabado. Uma dor intensa, primeiro no peito, depois nas entranhas. Onda de dor sobre onda de dor mutilando o corpo físico; uma explosão branca sobrecarregando o cérebro. Então, como um curto-circuito elétrico, estava acabado. Nada. Tudo escuro. Tudo vazio.

Exceto pela revolta, fúria, medo e humilhação que ele carregou consigo.

Durante os últimos vinte minutos, assisti impotente a um homem matar uma criança de três anos de idade, depois humilhar e assassinar Tom. Agora, segundos depois que o espírito de Tom quebrou o delicado cordão prateado conectado ao seu corpo físico morto e sangrando, eu ajo. Correndo para abraçar Tom, meu espírito sente toda a angústia e dor ardendo dentro dele. Eu sabia que tinha de fazer alguma coisa depressa. Ódio e fúria se espalhariam como um câncer por toda a alma de Tom.

Não havia muitas opções.

Eu sabia que não havia como esse espírito ser guiado calma

e gentilmente pela passagem da Terra ao espírito. Nenhum guia poderia romper a turbulência de seu espírito. Não era a hora de explicar que ele, Elizabeth e Jessica ainda estavam vivos. Tom não entenderia. Ele estava tomado pela revolta, medo, fúria e humilhação de seus últimos minutos na Terra. Não havia nada que pudesse ser dito ou feito para aliviar a dor.

No entanto, eu sabia que não poderia deixá-lo afligir-se por suas emoções. O espírito se contaminaria, tornando-se prisioneiro de suas vibrações densas e pesadas.

Apesar disso, fiz o que havia para ser feito. Coloquei o espírito em um coma profundo, em que descansaria até que eu pudesse decidir o que fazer. Esse sono suspenso não afastaria o medo, não diminuiria a fúria nem apagaria de sua memória os momentos finais na Terra. Essas emoções fariam parte de seu espírito para sempre, e Tom teria de lidar com elas. Contudo, agora não era o momento.

Enquanto eu trazia seu espírito entorpecido para dentro da quarta dimensão, outro guia flutuava, abraçando o espírito da pequena Jessica.

No plano terrestre, o relógio no antigo quarto de Tom marcava meia-noite e vinte e um minutos, e as lentas e inabaláveis rodas do carma moviam-se. Os eventos no quarto em Houston emitiam suas próprias e singulares ondas através do Universo. Um laço fora criado entre Tom, Jessica, Elizabeth e o assassino. Aquelas ondas tocaram o plano terrestre, alcançando outras, que pela sua própria história espiritual estariam dispostas no drama cármico que estava para começar.

6

As rodas do carma giram

Assim que deixamos a Terra e entramos no plano astral, refleti sobre minha missão. Eu não tinha idéia de que esse era o começo de uma estranha e difícil jornada. Como o tempo e o espaço não existiam e a freqüência das vibrações se intensificava, pude analisar a situação na qual fui atirada.

Nossas "análises de guias" são ensinadas para que recriemos as circunstâncias de nossas missões sem nos envolver nelas. Clara, nossa instrutora, disse que era importante que estivéssemos separados de nosso trabalho:

— Vocês estão lá para guiar o espírito desencarnado, não para se envolver com seus carmas pessoais — alertou.

Com o espírito de Tom desacordado ao meu lado, projetei diante de mim o que havia acontecido e repassei os fatos, como eu os compreendi.

Fui levada até aquele quarto por Tom, não por Jessica ou Elizabeth. Eu estava lá enquanto o pistoleiro o insultava e provocava, descrevendo sadicamente como ele assassinou e estuprou sua esposa. Eu estava lá quando o jovem matador apontou friamente sua arma para Jessica, encerrando sua vida com um simples tiro em sua cabecinha. E finalmente, depois de sofrer toda a dor e humilhação que ele pôde agüentar, vi Tom ser atingido por dois tiros de revólver.

Trazendo Tom para o plano astral, tentei cobri-lo com todas as vibrações de amor e conforto que pude agregar. Eu sabia que isso não seria o suficiente, que havia muito trabalho pela frente, pois o espírito de Tom estava atado à Terra. Naqueles últimos vinte minutos de vida física, seu espírito sentiu mais emoções do que a maioria de nós experimenta em toda a encarnação terrestre.

Havia uma razão para isso, e eu sabia que, mais cedo ou mais tarde, eu iria descobrir qual era.

Enquanto o sono anestésico perdurava, fiz um pequeno esforço para reanimar a alma torturada que eu carregava.

— Tom, meu nome é Maryanne. Eu sou sua guia. Sou sua amiga, sou o que você quiser que eu seja. Vou tomar conta de você e farei qualquer coisa para ajudar. Por favor, não se desespere. Tudo que aconteceu era porque tinha de ser, e o que acontece agora só depende de você.

Ele não entendeu; não poderia. Tudo que eu queria fazer era confortá-lo. Eu me lembrei de meus tempos na Terra, quando um simples toque quente de uma mão humana podia aliviar mais dores do que o mais poderoso analgésico. Então, acalentei seu espírito com luz, tentando desesperadamente amenizar sua angústia.

Assim, o espírito dormia. Mas esse não seria um sono tranqüilo ou repousante.

No entanto, nem todo espírito que desencarna dorme. Tom estava em um coma para que eu pudesse, falando francamente, ganhar algum tempo para resolver o que ia fazer.

Essas transições da Terra ao plano espiritual são iguais para todos, porque nós somos iguais. Nós somos feitos à imagem e semelhança do nosso Criador. Todos podem achar o conforto, a ajuda e a luz de que precisam.

Contudo, nossas passagens são diferentes porque somos diferentes. Cada espírito tem experiências únicas, passa por julgamentos diferentes e aprende lições diferentes.

Tom não poderia viver para sempre no vácuo em que o coloquei. Ele teria, em algum momento, de retomar seu caminho na evolução espiritual. Quando ele o fizesse, eu seria sua guia. Eu, que também morri por uma bala disparada, estaria com ele. Meu espírito, que morreu em revolta, medo e humilhação, ajudaria este espírito cujos últimos momentos na Terra foram cheios de revolta, medo e humilhação.

Eu estava lá em Houston porque tinha de estar. Meu espírito foi atraído pelas vibrações emocionais daquele quarto. Eu não estava ali porque sou revoltada, mas sim porque já fui. Eu tive uma morte brutal e, como uma pobre e ignorante adolescente negra, vivi humilhações no plano terrestre.

O ciclo está completo porque:

Da humilhação, vem a compaixão.

Do medo, vem a coragem.

Da revolta, vem a compreensão.

Quando o corpo físico de Tom explodiu em sangue e sua mente física se encheu de dor, lembrei-me de minha própria passagem repentina e violenta. No início, não aceitei a morte. Fiquei presa na esfera terrestre. E o mesmo aconteceu com Tom.

Ele está preso pelo medo: temendo a arma apontada para seu peito.

Está preso pela raiva: ouvindo a voz zombeteira de seu assassino dizer a ele que estuprou e matou sua mulher.

Está preso pela humilhação: molhando as calças diante do terror e da impotência, incapaz de proteger e defender sua filha de três anos de idade.

Ele está preso pelas últimas emoções de sua vida na Terra.

Vou dar o melhor de mim por ele, como Bob, meu guia, o fez por mim. Eu o coloquei nesse sono profundo, temporariamente congelando sua ira, fúria e frustração. Mas essas emoções não se dissolveriam. Não funciona assim. Elas serão sempre parte dele, porque todos nós somos a soma total de nossas encarnações.

Ele teria de aprender.

Ele não podia se purificar de sua raiva porque precisava entender a raiva. Ninguém pode lhe apagar a humilhação que corrói sua alma porque ele teria de amadurecer a partir da degradação. Toda esta encarnação seria em vão se uma varinha mágica fizesse desaparecer a violência de seu espírito. Nada, nada, nada é por acaso: nem mesmo ser vítima de um crime hediondo.

Eu precisava de tempo. Sabia que aquele espírito encarava o maior perigo de todos: a fixação. Ele podia ficar tão possuído por suas emoções que seria atirado de volta ao seu quarto na Terra para viver e reviver incessantemente os momentos finais de sua vida. Ou poderia tentar atormentar e torturar seu assassino, compulsivamente.

Se isso acontecesse, ele estaria preso; não haveria cura, progresso ou aprendizado. Agora mesmo, eu precisava de tempo para pensar e Tom precisava de tempo para se libertar do tempo. Em breve, o tiquetaque do tempo ainda suspenso vai libertar toda a sua revolta, humilhação e fúria, que ferveriam em sua alma.

E, ainda por cima, eu sabia que algo mais estava acontecendo. Comecei a entender o que o ditado "Deus age de forma misteriosa" significava.

Eu não estava naquele quarto apenas por ele. Eu senti uma atração por um outro espírito, também.

Não era por Jessica, a menina assassinada. Seu guia espiritual já a havia encontrado.

Não era por Elizabeth, a esposa estuprada e assassinada de Tom. Ela também tinha amparo ao seu lado.

Era pelo assassino, o homem que estuprou Elizabeth, matou a pequena Jessica e assassinou friamente Tom. Seu nome era David.

Era por ele, que, assim como Tom, Jessica e Elizabeth, também era um espírito formado por nosso Criador.

Era por David, que também é nosso irmão.

— Como pode ser? — perguntei ao Universo. — Como posso eu ajudar a vítima e o assassino?

A resposta veio não do Universo mas sim lá do fundo de mim mesma.

Eu também fui assassinada, e essa era a resposta: esta missão era parte de minha própria evolução espiritual. É fácil ter compaixão pela vítima, mas o espírito que matou e estuprou precisa de mais do que compaixão, precisa de cura e esclarecimento.

Mas eu ainda estava confusa:

"Como posso ajudar ambos? Por que a vítima e o assassino?"

Mais uma vez, tão depressa quanto a pergunta, veio a resposta: nossos destinos estão tão entrelaçados que, ajudando um, eu iria ajudar o outro.

Assim, enquanto Tom dormia, viajei de volta à pequena casa branca em Houston para dar mais uma olhada em David. Desta vez, deslizando pelo tempo e dimensão, trouxe comigo a lembrança de que, não importava o que David havia feito, ele também era parte do Criador, da mesma forma que todos nós.

7

Um assassino tem uma alma?

Se você o encontrasse antes do crime, provavelmente ele se descreveria assim:

— Meu nome é Dave Heinz. Tenho vinte e seis anos de idade. Não tenho mais nada a dizer, porque tudo o mais não é da sua conta. Tudo que precisa saber é que sou um cara muito bonito e adoro uma festa.

Se você falasse com ele depois dos assassinatos, ele teria sido sarcástico:

— É, eu sou o grande matador e estuprador. E daí? Não ligo para o que você pensa porque não devo merda nenhuma a ninguém.

Ele ria quando estava sentado com as algemas no banco de trás da viatura policial.

— Vocês chegaram aqui muito tarde. Logo depois que eu atirei neles, eu ouvi suas estúpidas sirenes. Vocês pensam que a gente é surdo? Aposto que vocês se excitam brincando com essa sua sirene. O cara achou que era esperto, deixando o telefone fora do gancho. Bom, acho que não era esperto o bastante — disse isso e gargalhou. — Ele está morto, como a menina e a mulher. Cara, ela era gostosa. Tive uns bons momentos com ela, antes de apagá-la.

O criminoso quase escapou. Enquanto três viaturas policiais apitavam na entrada da rua onde a família de Tom vivia, David já estava escada abaixo com os cinqüenta dólares enfiados no bolso da calça. Mais cedo, ele havia pegado vinte e cinco de Elizabeth. O placar final foi de três mortos e David setenta e cinco dólares mais rico.

— Melhor do que nada. É mais do que tinha antes disso —

pensara, guardando o que roubou quando atravessava correndo a cozinha da família.

David tinha começado aquele dia como fazia quase todo dia nos últimos três meses: bebendo. Lá pelas oito da noite, depois de descansar da farra da tarde, ele estava cruzando as ruas em busca de ação e dinheiro.

Por volta das dez, ele viu Elizabeth. Ela estava saindo de um pequeno restaurante da vizinhança onde encontrou amigos de sua aula literária. Ele a perseguiu. Pretendia roubar sua bolsa. Em vez disso, quando ela chegou ao seu carro, ele teve outra idéia. Enquanto ela abria a porta, David surgiu das sombras e, usando seus oitenta quilos e a estatura de um metro e noventa, agarrou a pequena mulher e a jogou no chão do carro. O punguista usou um revólver para garantir silêncio, e no banco da frente do carro da família ele a estuprou.

Ele ficou excitado e não foi por estímulo sexual. O que assumiu o controle de seu corpo e mente era diferente: ele estava inebriado pelo poder, domínio e controle. Nunca antes ele se sentiu assim. Quanto mais Elizabeth se debatia, mais estimulado ele ficava e mais brutal e duramente ele penetrava.

Quando ele acabou, agarrou a garganta dela, esmagando sua traquéia. Duas horas depois, com Elizabeth morta e jogada no porta-malas do carro, ele tomava o rumo da casa da família. Vinte minutos depois ele fugia do quarto, setenta e cinco dólares mais rico e com um revólver ainda quente preso à cintura.

Ouvindo as sirenes se aproximando rapidamente, ele jurava que a polícia não conseguiria apanhá-lo. "Posso enganar esses idiotas", disse a si mesmo.

Mais tarde, depois de preso, ele disse ao advogado que lhe foi indicado pelo Estado:

— Pensei que poderia escapar. Foi por isso que atirei na criança e no sujeito. Eu não podia deixar ninguém para trás que me identificasse. Nada pessoal, é assim que as coisas funcionam. O sujeito era um fraco, apesar de tudo, mijando-se todo. Ele devia ter reagido. Eu o teria matado de qualquer maneira mas ao menos ele morreria como um homem, não como um maricas.

David, tentando fugir, viu os três carros com suas luzes azuis e vermelhas piscando parados em frente à casa. Ele decidiu correr cruzando o quintal. Foi rapidamente até a cozinha e lá estava a porta, como ele esperava. Não estava nem sequer trancada.

"Diabo", pensou, "estes idiotas mereceram isso. Nem se preocupam em trancar a porta dos fundos com gente como eu solta por aí", pensou, num sorriso forçado.

David correu no escuro da noite, parcamente colorida pelas luzes azuis e vermelhas piscantes das viaturas policiais. Ele estava trêmulo com toda aquela atenção.

Por toda a vizinhança, casa depois de casa, janelas estavam abertas, luzes acesas nas varandas e pessoas reunidas em seus gramados. A rua normalmente tranqüila estava em alvoroço com as luzes e sons da polícia.

"Aposto que também ouviram os tiros", imaginou David, vendo aquela gente em seus pijamas e camisolas fazendo fila pelo quarteirão. "Bom, pelo menos eu pus alguma emoção na vidinha estúpida deles", riu o assassino.

Ele sabia que a polícia iria fechar as saídas do quarteirão, sabia que teria de tomar uma atitude naquele momento. Vendo que não havia cerca separando o quintal de Tom do de seu vizinho, David decidiu se atirar em direção à rua no outro lado. Tinha certeza de que ninguém o havia visto. O grupo de vizinhos fora atraído pelas luzes vermelhas e azuis na frente da casa; era lá que a ação estava. Ele era apenas uma sombra em meio a sombras.

David percebeu que os policiais estariam com o quarteirão cercado em dois ou três minutos. Até lá, ele estava certo de que estaria a três ou quatro blocos dali. Ele planejou pegar a estrada principal, onde desapareceria na escuridão da noite.

Os policiais gritavam pelos megafones para o assassino que não podiam ver:

— Você aí na casa, saia com as mãos para cima. Você tem trinta segundos.

"Que idiotas", pensou o matador. "O tal 'você' sou eu, e estou voando tão rápido quanto meus pés conseguem me levar.

Então, de repente, ele voou mesmo, e aterrissou de cara no chão na grama úmida do quintal de Tom. Ele pensou que havia escorregado no gramado molhado, mas, quando tentou se levantar, sua perna direita enviou um impulso de dor para seu cérebro. Ele tentou de novo mas desmoronou no chão.

O assassino, na ânsia de achar uma saída, viu que uma mangueira de borracha amarela estava enroscada em sua perna direita latejante.

— Que droga — diria ele depois ao seu advogado —, eu tropecei numa mangueira. O mijão tinha deixado a mangueira no quintal. Deslocou meu tornozelo, ainda. Eu ia conseguir escapar daqueles policiais barrigudos.

Ele sabia que estava acabado. A qualquer momento, a polícia chegaria ao quintal. "Eu já devia estar longe daqui a esta hora. Eles vão me pegar porque o maldito suburbano regou seu gramado. Merda, ele merecia morrer", praguejou o matador.

Com seu tornozelo inchando e doendo, ele ainda achou que podia mancar para fora do quintal. Notou que sua arma tinha caído no chão. Ele se sentiu nu.

"Já devia estar na estrada principal; eles nunca me achariam", rosnou para si mesmo.

Ele ouviu mais sirenes: ambulâncias e mais viaturas. O quarteirão estava cercado. Não havia mais lugar para ir, nem para se esconder. Ele viu que a casa bem à sua frente estava às escuras. Ninguém lá dentro. Era sua única chance.

David rastejou até a porta dos fundos. Estava desesperado. Sua arma estava em algum lugar na grama molhada, seu tornozelo latejava de dor e aquela porta estava bem trancada.

Ele se levantou, agarrando-se à maçaneta. A dor no tornozelo o deixava sem fôlego.

A polícia entrou. Vieram pela frente da casa de Tom até o quintal, as poderosas lanternas cortando o escuro da noite. David amaldiçoou a mangueira amarela do jardim.

Ele viu dois policiais vasculhando o chão com seus feixes de luz. Estavam a uns dez metros dele. A qualquer momento ele seria pego por aquelas lanternas.

À sua esquerda e à sua direita, a polícia apertava o cerco. Estavam tão próximos que ele ouvia o chiado de seus rádios. A cada segundo que passava, a conversa nos rádios ficava mais alta e, a cada batida de seu coração, os feixes de luz chegavam mais perto.

Ele não podia fugir dos bobocas da polícia, e mais uma vez amaldiçoou a mangueira do jardim "e o mijão que a deixou lá".

David perdera sua arma. Ele "já não poderia sair dessa como um homem". Sua cabeça queimava e trabalhava depressa, procurando uma saída. E, como um coelho encurralado, viu que não havia nenhuma. "Que inferno, melhor desistir e continuar vivo. Melhor do que levar um tiro no quintal de um estranho."

— Aqui — gritou, com as mãos vazias no ar. — Eu sou quem procuram. Nenhum revólver, podem ver.

Imediatamente, dois feixes de luz iluminaram seu corpo.

— Deitado no chão, braços e pernas abertos, agora — vociferou alguém.

— OK, não atirem. Estou desarmado — respondeu o assassino, deslizando no solo, de cara para o chão, braços e pernas abertas.

Dois policiais atacaram: um puxou os braços do matador para trás, algemando rudemente seus pulsos um no outro. O outro, com o revólver pressionado contra a cabeça de David, inclinou-se e gritou no ouvido do assassino:

— Seu canalha! — David podia sentir o hálito do homem. — Foi você quem assassinou aquele sujeito e a menininha.

O policial não perguntou. Foi uma afirmação.

— Não digo nada a vocês, bundões, sem um advogado — David respondeu. — Conheço meus direitos.

O policial agarrou David pelos cabelos e empurrou seu rosto contra o chão. David sentiu o gosto da poeira.

— Direitos. É, imprestável. Você tem direitos. Você vai direitinho para Terrell.

David não sabia do que o policial estava falando. Ele descobriria logo.

E eu, de uma dimensão invisível, presenciei.

8

Eu, Bob e o rio do tempo

Existem coisas assim como fantasmas? Casas, florestas e cemitérios assombrados são reais? As respostas são duas: um simples sim e um simples não.

Não. Fantasmas não existem.

Sim. O que existem são espíritos desencarnados que já viveram na Terra. Estes espíritos, por sejam lá quais forem as razões, agarram-se ainda às vibrações terrestres, recusando-se a soltá-las. Essa obsessão com suas vidas anteriores transforma esses espíritos em prisioneiros do tempo e espaço, assombrando os lugares onde já viveram, trabalharam ou mesmo morreram.

Essa fixação é chamada "anexação", e seus resultados são trágicos. Espíritos anexados são paralisados pelo passado, incapazes de encarar o futuro.

Tom estava na direção da anexação e, sem trocadilhos, isso me assombrou. Como guia, é meu trabalho fazer de tudo, mesmo contra minha vontade, para ajudá-lo a amadurecer, aprender e evoluir. Contudo, por sejam lá quais forem as razões, ele se tornou um espírito obcecado, e um trabalho que já era duro ficou infinitamente mais difícil. Teria de haver uma maneira de afastá-lo da humilhação, revolta e fúria que carregava desde o plano terrestre. Se eu falhasse e Tom escolhesse abraçar essas emoções, ele se tornaria um prisioneiro. Em outras palavras, seria uma assombração.

Eu sei alguma coisa sobre assombrar. Depois de minha própria morte, eu estava tão atada à minha velha vida que foi preciso um longo tempo até que eu entendesse que já não era mais parte da Terra. Ainda me lembro dos incontáveis dias e noites sem fim perambulando pela minha velha vizinhança procurando por respostas que não podiam ser encontradas. Eu não queria Tom assombrando seu quarto em Houston; suas respostas também não estavam lá.

Anexação é uma droga, viciando a gente aos eventos e emoções, e um espírito não precisa estar desencarnado para sofrer desse vício. Existem inúmeros espíritos encarnados presos no redemoinho da anexação.

Eu vou provar isso. Dê uma olhada em si mesmo.

Alguém ou alguma coisa já o fez ficar tão nervoso que você continua vivendo e revivendo a experiência em sua memória repetidamente?

Você já perdeu um emprego, uma posição ou um relacionamento? Essa perda consumiu você, tornando sua mente em um turbilhão de porquês e o que poderia ter acontecido?

Você tem de fazer uma escolha: pode seguir adiante ou pode se trancar num círculo de frustração e raiva.

Agora pode começar a entender a seriedade da situação de Tom.

Momentos antes de ser morto, ele descobriu que sua esposa tinha sido estuprada e assassinada, então ele assistiu impotente a quando o estuprador disparou uma bala no crânio de sua filha. Como você se sentiria?

Eu poderia trabalhar com Tom; pelo menos ele estava em minha dimensão. Mas eu não tinha a menor idéia do que fazer com David. Ele ainda estava encarnado na Terra. Como poderia alcançá-lo?

Eu precisava de ajuda. Simplesmente por eu estar desencarnada não me faz mais esperta, sábia ou sagrada que você. Eu simplesmente vejo a vida de uma perspectiva diferente. Daqui, alguns de nós vêem eventos antes que eles aconteçam. Mas, mais importante que isso, nós vemos o que já aconteceu de uma janela enorme e universal.

"Rapaz, como eu precisei dessa enorme janela universal agora", pensei.

Eu procurei por conselhos.

Minha primeira parada foi com outros guias "coming over".

Eles não foram de muita ajuda.

— Não há muito que possa fazer — um deles deu de ombros.

— Tom fará suas próprias escolhas, não importa quanto tempo isso leve. David já fez a sua e — acrescentou o guia de forma preocupante — ele viverá com as conseqüências de sua escolha.

Outra guia me aconselhou a levar isso numa boa:

— Não interfira e não se envolva. Seu trabalho é dar a Tom amor, compaixão e orientação. E, assim como para aquele na Terra, ele terá o que merece. Deixe-o em paz, os eventos vão se encaminhar. Sempre é assim, você sabe", acrescentou com um sorriso sabido.

Outro espírito, que como eu havia se tornado um guia recentemente, quis saber se David estava muito apegado à personalidade terrestre que ele criou para si mesmo. Isso, pensava o guia, dificultaria nossa ajuda:

— Ele fez sua escolha e criou seu carma — foi tudo que ele sugeriu.

— Envie vibrações de amor e compaixão — aconselharam outros. — Isso é tudo que pode fazer pelo que está na Terra.

Como eu dizia, nós não ficamos nem mais espertos ou sábios que você. Francamente, eu pensei que aqueles conselhos eram inúteis. Sabia que havia uma razão pela qual eu fui enviada a Tom e David. E estava certa de que isso era mais do que simplesmente enviar boas vibrações.

Amor e compaixão são palavras simpáticas, mas como poderia tornar palavras em ajuda a um rapaz de vinte e seis anos a caminho do corredor da morte? Como poderia transforma amor e compaixão em ação? Ainda precisando de respostas, voltei a Bob.

Pensando nele, enviei ondas através do universo e aquelas ondas trouxeram-me um pôr-do-sol em vibrantes cores rosa, azul e roxo.

Na realidade, eu não ia até Bob, ele vinha a mim. Ele vive em uma esfera que não estou pronta para alcançar. Assim, para responder meu chamado, ele rebaixou suas vibrações.

Nós nos encontramos às margens gramadas de um rio profundo e vagaroso. Sua água era clara e o sol graciosamente estalava seus raios sobre a tranqüila superfície do rio. Mesmo o ponto mais profundo podia ser visto, conturbado apenas pela suave ondulação da corrente se movendo devagar.

Bem agora, o rio explodia em cores, refletindo os tons rosa, púrpura, dourados e alaranjados do pôr-do-sol. Eu venho muito aqui, tanto sozinha como com amigos, para me refrescar na calma do espelho d'água do rio.

Bob e eu unimos nossas vibrações nestas margens. Não precisávamos falar para nos comunicarmos. Comungamos pelos pensamentos, sensações e vibrações. Todos os espíritos são capazes de fazer isso, compartilhando idéias e emoções com uma clareza e precisão impossíveis de atingir na Terra.

— Ora, se não é Maryanne... Há quanto tempo!

A vibração de Bob era luminosa mas apreensiva: ele sabia que eu precisava de ajuda.

Quando nos encontramos pela primeira vez, ele era um guia "coming over", e agora é um guia "going over". Bob, com seu jeito avoado bem típico, uma vez explicou a diferença:

— Um guia "coming over" socorre espíritos da Terra, ajudando-os a aprender com suas encarnações na dimensão terrestre. Um guia "going over" ajuda esses mesmos espíritos, quando prontos, a se preparar para a vida em uma dimensão mais alta.

Simples e direto: por isso é que vim a Bob pedir conselhos.

Ele foi, quando fiz a minha difícil passagem da Terra para o espírito, meu guia "coming over".

Quando morri, ele apareceu como um homem branco, de sessenta anos de idade, projetando uma imagem com a qual eu me sentiria bem. Eu me lembro de chamá-lo de "um velho peido aposentado".

Eu passei a amar meu "velho peido aposentado". Apesar de durão e exigente, ele é amoroso e misericordioso, também. Ele me ensinou a usar e aprender com a raiva e a fúria que ferviam dentro de mim.

Agora, a invisível mas constante força universal trouxe-me um desafio similar ao que Bob teve em relação a mim. A força me deu Tom, que neste momento estava em um sono profundo, incapaz de encarar o ódio fervilhante que carregou da esfera terrestre.

Mas, quando era meu guia, Bob tinha apenas eu para lidar. A força universal também me deu David, a causa da morte de Tom e a razão de sua fúria e humilhação. Eu sabia por que fui levada a Tom. Seu espírito estava em fúria porque sua família tinha sido destruída por um assassino irracional. Quando eu cheguei aqui, a revolta consumia meu espírito porque minha vida também foi abreviada por um revólver.

Eu sabia que poderia ajudar os dois. Quem sabe mais sobre revolta e ódio enlaçando o espírito com suas correntes fúteis e inúteis do que alguém que já foi prisioneiro dessas mesmas correntes?

Mas eu não sabia o que fazer. Foi por isso que agora eu me encontrava nas margens verdes e gramadas do rio.

— Estou aqui porque preciso de sua ajuda. Tenho um trabalho duro pela frente.

Bob não respondeu. Ele esperava uma explicação.

Descrevi os assassinatos e falei para ele sobre Tom.

— Fui chamada para ser seu guia.

— Que coisa! — observou Bob com ironia. — Engraçado como a vida dá suas voltas, não?

Entendi: vítima atraída pela vítima.

Mas, quando cheguei a David, a vibração de Bob se intensificou:

— Ele também? Tanto o assassino quanto a vítima? Agora ficou interessante, se me permite dizer.

— Eu não sei se vou dar conta — confessei.

Ele me repreendeu severamente:

— Maryanne, você já devia saber. Se não estivesse preparada, não seria chamada. Nada acontece antes do tempo. Você está pronta. E a prova de sua prontidão é que você teve a humildade de pedir ajuda.

Mas ele parecia confuso, achando estranho o fato de eu não estar envolvida nem com a mãe nem com a menina.

— Mas não vamos nos incomodar com isso agora — disse Bob. — As razões virão à tona mais cedo ou mais tarde.

Havia mais uma coisa que me preocupava, porém.

— O assassino está na Terra. Ele não é exatamente o tipo de sujeito que está afinado com o lado espiritual da vida, se é que você me entende — brinquei.

Bob chamou minha atenção para a estupidez que eu tinha acabado de dizer:

— Não seja crítica. Ele é um espírito e tem a mesma origem que todos nós. Ninguém tem um passado perfeito. — E acrescentou, com uma piscadela manhosa: — Há algumas poucas coisas no meu que eu gostaria de esquecer.

Ele estava certo, mas eu o fiz lembrar que muitas pessoas na Terra pensam que um assassino não tem alma:

— Alguns dizem que são menos que animais.

Bob respondeu pacientemente, explicando que muitos dos espíritos encarnados na Terra tinham bastante o que aprender.

— E, depois de ouvir alguns dos conselhos que os outros guias lhe deram, você também tem bastante para aprender. Esta é uma situação excepcional. Não apenas para você, mas para os dois espíritos com quem está conectada.

Escolhendo seu próximo pensamento cuidadosamente, meu amigo disse:

— Eu sei por que você foi escolhida. A razão é mais profunda do que você imagina. Maryanne, há mais nisso do que apenas compartilhar vibrações e experiências.

Como sempre, Bob não explicou. Eu teria de entender sozinha.

— Vamos em frente, Robert.

Eu sabia o que estava por vir.

À nossa frente, o rio fluía vagarosa e silenciosamente enquanto Bob falava ao meu ser interior. O rio corria e o tempo parou. Sua vibração firme e suave seguiu me puxando, puxando e puxando para um outro tempo e lugar no infinito vácuo da Criação. Nossos pensamentos se uniram e, viajando pelo espaço, paramos no ponto em que eu desencarnei na Terra.

Eu não estava sozinha. Havia um negro ao meu lado.

Ele foi meu assassino.

Eu me lembrei de que, no dia que ele morreu, senti um arrepio em minha vibração. Bob explicou a sensação:

— Você e o garoto estavam conectados. Afinal de contas, ele atirou em você.

A justiça terrestre nunca o alcançou. Ele jamais foi preso. Afinal, o que era mais um assassino na vizinhança em que eu vivia?

Olhando o rio, relembrei o quão assustador ele foi no dia que nos encontramos. Sua vida na Terra também foi curta. Ele morreu aos vinte e dois anos de idade de uma overdose de drogas, seis anos depois de disparar os tiros que encerraram minha vida. Seu nome era Marty.

Os reflexos na água me fizeram lembrar o que eu pensei na primeira vez que o vi: "Então este é o garoto que atirou em mim... Este é o inútil que me matou quando eu tinha dezesseis anos".

O rio também me lembrou o que eu senti: nada. Não que eu tivesse esquecido meu assassinato; a memória ainda estava bem viva dentro de mim. Mas eu já não era parte dela; eu perdoei sinceramente porque não estava mais anexada à revolta que minha morte havia despertado.

Eu estava livre e, no espelho d'água, eu me vi estendendo os braços para abraçar Marty. Ele teve medo, então recuei.

— Ei, Marty, fica frio — eu me vi dizendo a ele. — Eu sei quem você é e lembro-me do que fez. Mas você era apenas mais um bobo, como eu. Isso foi tudo, uma coisa boba, estúpida que você não planejou ou pensou para fazer. Aconteceu. Acabou. Uma coisa boba, estúpida e trágica, meu amigo.

O rio me lembrou como nos abraçamos então. Eu havia perdoado, mas não esquecido. Não é fácil perdoar, mas Bob me disse uma vez:

— Seja egoísta e perdoe.

Aquilo soou estranho, mas fazia sentido.

— Marty criou um carma quando atirou em você — esclareceu meu guia. — Você quer fazer parte desse carma ou quer progredir e evoluir em seu próprio carma? Você tem uma escolha: prender a si mesma no carma de Marty ou deixá-lo em paz e seguir com sua própria evolução. Perdoe e ele não lhe deverá nada e se desprenderá de você.

Marty enfrentaria as conseqüências de sua atitude. Mas eu estava livre. Nós não estaríamos carmicamente envolvidos, continuamente tentando acertar as contas entre nós.

Bob me trouxe de volta ao presente. Na nossa frente, o rio corria suavemente, sem pressa e sem parar.

— Maryanne, você agora entende qual é sua missão? — perguntou baixinho.

Tão baixinho quanto ele, como se eu estivesse em transe, respondi:

— Cura. Devo tentar ajudá-los a se libertar um do outro. Mas, para que isso aconteça, eles precisam se libertar de suas próprias revoltas e dores pessoais.

Eu refleti e acrescentei:

— Não vai ser fácil, Robert. Será duro para Tom perdoar David. Ele matou não apenas Tom, mas também sua filha e estuprou e assassinou sua esposa. É diferente.

Bob me contrariou:

— Diferente mas igual. Assassinato é assassinato, perda é perda, sofrimento é sofrimento, e dor é dor. As circunstâncias são diferentes, e assim é o carma. Um tiro involuntário dado por um adolescente assustado molda um carma pouco distante do estupro e loucura de um sujeito de vinte e seis anos.

— Isso é o que eu tenho de fazer — refleti num instante de clareza. — Ajudar Tom a relevar seu sofrimento, revolta e humilhação; depois revelar a ele o poder do perdão.

Bob sorriu e acenou com a cabeça.

— Se eu ajudo a vítima, ajudo seu assassino. Os dois espíritos serão livres: Tom para continuar sua evolução, desatado da revolta e da fúria; David, liberado por Tom, pode lidar com o carma que ele criou. Os dois espíritos podem ser livres para seguir cada qual seu destino.

Mas eu pensava em Elizabeth e Jessica. Elas também eram vítimas de David. Não estariam também ligadas a ele?

Mais uma vez, Bob disse em pensamento que eu não devia me preocupar com elas por enquanto.

— É claro que não estão envolvidas, e, por seja lá que razão, elas não são problema seu. Estou certo de que, quando for a hora, você verá como elas se encaixam.

De repente, sem nenhum aviso, o rio nos trouxe uma nova cena.

Era Marty, reencarnado na Terra. Ele estava trabalhando para balancear seu carma, encarnado como um assistente social aconselhando membros de gangues nas cidades do interior dos Estados Unidos. Ele não me devia mais nada, mas ainda tinha de encarar seu próprio carma. Marty tinha assassinado, não premeditadamente ou a sangue-frio, mas, como Bob disse, "ele puxou o gatilho e acabou com uma vida".

Bob agora traçava as similaridades entre David e Marty:

— Eles criaram um destino girando as rodas do carma sobre si mesmos. Se Tom ficou anexado a David, como você poderia estar a Marty, uma ligação será criada entre os dois. Um carma vingativo e pessoal, que pode durar por incontáveis ciclos terrestres, pode ser formado. Você pode ajudar Tom a enxergar David como um outro "garoto bobo". E você pode preparar David não apenas para a justiça na Terra, mas para seu carma espiritual.

Onda após onda de vibração, eu sentia a paixão de Bob em sua fé. Ele continuou se comunicando com meu ser.

— Veja as encarnações terrestres de David. As pistas estão lá. Ajude-o a assumir responsabilidade por suas ações, porque logo ele terá de enfrentar as conseqüências terrestres. Depois, ele terá de lidar com as espirituais. Se Tom o libertar, os dois estarão livres para evoluir.

Eu entendi a perfeição da missão.

Mas ainda havia um problema.

— David está no plano terrestre. Não há muito que eu possa fazer daqui.

— Ah, isso... — Bob suspirou. — Encontre um médium para você. Sabe o que eles são, não?

— Quer dizer aquelas pessoas na Terra que nos vêem e ouvem? Que serventia terão?

Bob fitou o rio e respondeu calmamente:

— Alguma, se você encontrar alguém nascido médium. Eles, por causa de seu carma pessoal, estão em missão. Médiuns naturais estão na Terra para ajudar os outros. Escolha um médium que tem coragem, porque ele terá de ser a ponte entre você e David. Se tudo correr bem, o médium vai reunir Tom, David e você. Não será fácil.

— Foi o que eu disse — relembrei.

Ele ignorou meu gracejo e continuou com sua resposta.

— Não procure por um santo. A maioria dos médiuns está lidando com carmas muito complexos, os seus próprios. Alguns — ele acrescentou com uma risada — são complicados: muito sensitivos e nervosos. Muitos são exibidos e bastante arrogantes. Seja cuidadosa, não deixe que o ego do médium atrapalhe.

— Sabe de algum para me indicar? — torci.

Sem hesitação, ele respondeu:

— Por acaso, sei, sim.

9

O fliperama cósmico

Antes de Bob voltar para sua vibração, ele me deixou com os seguintes pensamentos:

— Se você precisar de mim, basta chamar. Eu sei que isso parece missão impossível — disse, fazendo referência a um filme famoso. — E, de certa forma, seus colegas guias estão certos: Tom e David vão, no final, fazer suas próprias escolhas. Mas — garantiu — eu conheço você, Maryanne, e estou certo de que fará tudo que puder. Ajude-os a se libertar de si mesmos. Faça o melhor, porque no fim das contas isso é tudo que alguém pode esperar.

— É, parece mesmo fácil — suspirei. — Ainda não tenho a menor idéia de como começar.

— Maryanne, procure pelos indicadores. Eles estão por todo lado. Ninguém jamais está sozinho. Você saberá o que fazer.

"Queria ter tanta certeza quanto ele", pensei, enquanto me preparava para diminuir minhas vibrações e deixar o calmo e plácido rio.

Bob, um espírito da quinta dimensão, havia descido seu nível para me encontrar na quarta dimensão. Agora chegava a hora de baixar as minhas vibrações, assim poderia fazer contato com o médium que vivia na terceira dimensão da Terra.

Um espírito pode visitar as vibrações mais baixas à vontade, mas só pode ir às mais altas por meio da evolução. Deixe-me explicar, porque, quando Cristo disse "na casa de meu pai existem muitas moradas", ele estava falando das vibrações.

Na Terra, um espírito vive dentro de um corpo físico em um mundo tridimensional. As dimensões são medidas de altura, largura e profundidade. A esfera terrestre também tem tempo no mundo físico, o tempo é uma linha; os eventos estão antes, durante e depois.

O tempo no lado astral é um círculo. Os eventos são. Não existem foram ou serão. Há outras diferenças, também. No plano astral as cores são ricas, profundas e puras. O som ressoa com harmonia, melodia e subtons suaves não ouvidos na Terra. Esta é uma explicação das mais simples.

Quando um espírito se liberta das limitações de seu corpo físico tridimensional, visões e sons são vistos e ouvidos em uma freqüência mais alta e mais rápida.

É por isso que tive de diminuir minha vibração. O contato com o médium tinha de ser feito com exatidão, mas ao mesmo tempo eu tinha de manter minha única perspectiva da quarta dimensão. Não é uma manobra fácil.

Apesar disso, era o que tinha de ser feito. Se eu não diminuísse minha vibração ao mesmo tempo que mantinha minha essência da quarta dimensão, o contato com o médium seria malfeito, vago ou desconjuntado.

— Algo assim com um rádio com uma antena de má qualidade — esclareceu Bob enquanto me dava alguns conselhos sobre como lidar com médiuns na Terra: — Alguns são muito chatos, principalmente quando incluem suas próprias personalidades e opiniões em nossas mensagens. Alguns médiuns se consideram oráculos, visionários ou semideuses. Não há nada que esteja mais longe da verdade, e é por isso que achar o médium certo é tão importante.

Rezei para que Bob tivesse acertado no médium que indicou. Depois que fui checar seu histórico de vida, tive minhas dúvidas.

O nome dele é Harry Clark, mas eu já tinha arrumado um apelido para ele: Fliperama.

Harry tem quarenta e um anos de idade e, como uma bola de fliperama, ele percorreu sua vida sem direção. Ele cai num buraco, sai dele, daí cai em outro. Ele vai para trás e para a frente, rolando de uma experiência para outra, nunca se encaixando.

Harry Fliperama nunca teve sucesso em nada que tentou. Sua vida começa com "ex": ex-marido, ex-viciado em drogas, ex-aluno universitário, ex-corretor de valores, ex-de-tudo-um-pouco.

Eu sabia a causa de tanto "ex". Harry encarnou na Terra para provar a realidade da vida além da terceira dimensão. Sua mediunidade não era um talento, nem sequer um favor; era um canal para ajudar os outros. No entanto, por sua livre e espontânea vontade, ele abandonou a mediunidade.

Assim, ele é uma bola de fliperama, sempre quicando, nunca se acomodando. Aos vinte anos, tentou se encaixar no buraco como um homem casado. Foi jogado para fora.

Aos vinte e quatro, tentou a medicina: acabou largando no primeiro ano da faculdade porque estava entediado.

A vida o levou às drogas na tentativa de fugir das vozes que ouvia sem responder.

Quando tinha trinta anos, depois do divórcio, depois de desistir da faculdade e depois de largar as drogas, Harry, por intermédio de um amigo bem-intencionado, aceitou um emprego como corretor de valores. Ele era bom, às vezes ganhando trinta ou quarenta mil dólares num mês. Para o mundo, parecia que Harry tinha achado seu caminho.

Mas não tinha.

Ele raramente gastava o dinheiro que ganhava; reinvestia a maior parte nas mesmas ações e papéis que vendia a seus clientes. Ele vivia uma vida modesta, alugando um apartamento classe média num subúrbio de Dallas. O dinheiro, o poder e o jogo de investimentos já não eram nada para ele, e mais uma vez pulou para fora do buraco.

Ele nunca se encaixava em lugar nenhum porque não era para ser assim. Ele nasceu para fazer um trabalho, e o Universo lhe mandava sinais, mas Harry se recusava a vê-los.

E, como uma bola de fliperama, ele vagarosamente deslizou para onde estava agora.

Harry queria esquecer seu passado e seus fracassos. Ele queria escapar da pressão dos amigos para que tomasse jeito na vida. Ele queria fugir.

Assim, ele rolou para uma estância balneária no Texas chamada Livingston e comprou um bar.

A realidade é mais estranha que a ficção.

O fliperama cósmico o colocou onde eu precisava dele. Seu

pequeno bar ficava apenas a algumas quadras da prisão Terrell, onde estava o corredor da morte do Texas.

"Os sinais estão sempre lá, tudo que tem a fazer é olhar", recordei do conselho de Bob. Cabia a mim ajudar Harry a ver esses sinais.

10

O hospital espiritual

Encontrei Harry servindo cerveja e dosando uísque em seu pouco movimentado bar. O balcão sujo, cheirando a fumaça de cigarro e cerveja choca, não era exatamente o que eu esperava de um primeiro contato.

— Eu nunca pensei em aparecer num canto decorado com calendários de mulheres nuas, cabeças de veado empalhadas e letreiros da Budweiser em *néon*. Assim, sem que você soubesse, esperei você sair — confessei a ele mais tarde.

Harry era um cara bem-apessoado. A maioria das pessoas acha que ele tem menos de quarenta e um anos. Eu também pensei: ele aparentava no máximo trinta e cinco. Seus cabelos pretos e encaracolados eram longos e fartos, sobre um rosto arredondado como o de um bebê, que estava apenas começando a mostrar pés-de-galinha nos cantos de seus olhos azuis. Harry tinha um metro e setenta e seu corpo era forte, músculos saltando sob a camiseta enquanto ele lavava e enxugava copos de cerveja empilhados no bar.

"Nada mau para uma bola de fliperama", pensei rindo, ao decidir fazer contato em seu apartamento, a duas quadras dali. Bem agora, achei melhor sair do bar (se você viu um bar, viu todos) para dar uma olhada em Tom.

Pensar em Tom me levou até ele.

Ele estava em um hospital espiritual, situado em uma vibração de cura, no plano astral.

Apesar de estar em coma profundo, decidi começar a trabalhar com ele. Um espírito não precisa estar consciente para a terapia; muito pode ser feito com um espírito passivamente suspenso no tempo.

Ele e vinte e um outros pacientes estavam em camas posicionadas no meio de uma grande sala circular de vidro, cercada por um jardim de flores multicoloridas.

Uma vibração púrpura de cura banhou a ala hospitalar com um zumbido tranqüilo e, do jardim, veio um perfume suave, tal qual um incenso.

Tom estava no meio de um pequeno túnel formado por tons vibrantes de luz. Porém seu espírito não via as sombras carregadas de azul, amarelo, branco e verde que o cobriam.

Um médico espiritual flutuava pelas luzes. O curandeiro, chamado Ian, acenou e me pediu que o esperasse terminar seu exame. Ian não tinha estetoscópio, não media a pressão e nunca pedia para o paciente dizer "aah". Mas seus exames são mais completos do que os de qualquer médico na Terra, porque Ian examinava o espírito.

Quando ele finalmente veio falar comigo, as novidades não eram boas:

— Este espírito está profundamente perturbado. Um desequilíbrio profundo e traumático borbulha em sua essência. Estou preocupado, porque ele sofre do maior e mais perigoso tipo de anexação que existe.

Ao fundo, depois do vidro, pássaros brincavam no jardim multicolorido e raios brancos da luz do sol abençoavam o quarto do hospital.

Ian descreveu os diferentes tipos de anexação com os quais lidou ao longo de seu trabalho no hospital.

— Primeiro, há a anexação ao prazer físico. Esta é comum. Espíritos desencarnados desejam comida, álcool, drogas ou sexo em diversos graus. Os casos moderados são relativamente fáceis de resolver e raramente chegam ao ponto de o espírito acabar em sua, assim chamada, morte. Apesar disso, os casos mais sérios chegam a interferir no progresso do espírito.

O médico informou que existem muitos espíritos que são tão viciados nesses prazeres que querem reencarnar rapidamente, para então voltar a experimentar os prazeres da carne.

— Essa pressa em voltar à esfera terrestre atrapalha o desenvolvimento espiritual deles.

Ian, olhando seus pacientes sendo banhados pela harmonia púrpura no grande quarto circular, pensou em outro caso:

— Há a anexação ao ego; um espírito não consegue deixar sua personalidade terrestre. Lembro-me de um espírito que, na Terra, era um homem famoso e importante. Depois de sua morte, ainda pensava que era. Anexado ao orgulho e à vaidade, esse espírito exigia o mesmo tipo de tratamento a que estava habituado na Terra. O espírito não conseguia se libertar do passado e, em razão disso, não podia começar a entender o futuro.

Ian contou rindo como prescreveu o remédio:

— Ele estava isolado. O espírito bradava ordens, que eram ignoradas. O espírito exigia atenção arrogantemente; ninguém ligava. Isso se repetiu até que o espírito finalmente percebeu que já não estava mais na Terra. Quando isso aconteceu, ele passou a buscar amigos ao invés de subordinados e ajuda ao invés de atenção. Esse tratamento leva algum tempo para funcionar. — Depois confessou: —Eu devia saber bem disso, já que o tolo egoísta era eu.

Na ala de vidro, alguns pacientes dormiam e outros recebiam conselhos de seus guias.

— Ele sofre — disse ele, indicando Tom com a cabeça — mesmo dormindo, ele vive e revive a agonia e dor da Terra. A angústia é tão intensa que se torna parte dele. Ele se prende à fúria e ao ressentimento que sente tão profundamente.

Ian sabia que esta era minha primeira missão. Ele tinha suas dúvidas se eu ou qualquer outro guia poderíamos fazer algo de bom nesta etapa do jogo.

— Vai ficar difícil, se não impossível, para que você o alcance. Vai ser como enfiar um canudo de plástico na fenda de uma parede de tijolos. Mas nunca se sabe — disse, dando de ombros e saindo de lado, me dando espaço.

Eu sabia o que me esperava, mas brinquei:

— Doutor, esta é a melhor hora para trabalhar com eles. Eles não respondem. A propósito, como estão a mulher e a filha dele?

Ian afagou seu queixo e olhou pela janela.

— Elas não estão aqui. Este hospital é especializado em casos de anexação. Elas estão apenas traumatizadas. As duas estão bem.

Ele então disse que estava em contato com os médicos que

estavam cuidando delas para ajustá-las à sua rápida e repentina passagem.

— Elizabeth está em choque. Ela foi violentamente estuprada e assassinada, mas não está presa às suas emoções, como Tom. Ela é mãe, e, uma vez que se reuniu com a filha, rapidamente se adaptou. Jessica está ajudando mais do que jamais conseguiríamos.

Eu pensei no poder do amor materno e agendei mentalmente um encontro com Elizabeth e Jessica. Elas seriam importantes na terapia de Tom, assim que ele estivesse pronto.

"Assim que ele estiver pronto", repeti essas palavras, perguntando a mim mesma quando seria. Eu não tinha uma resposta.

Lendo meus pensamentos, o médico observou:

— A esposa é diferente. Ela não é tão intensamente racional quanto ele é. Elizabeth, apesar do choque, está se ajustando melhor. O marido — de novo indicou Tom com a cabeça — não pode aceitar ou entender o que aconteceu. Ele é vítima de sua própria lógica e ordem.

Vi um clarão. Achei que Ian estava prestes a me dizer alguma coisa, então insisti por detalhes.

— Tom sempre se recusou a ter emoções. Encarnação após encarnação, este espírito valorizou simetria e equilíbrio mais do que tudo. Lógica, organização e razão são seus mantras sagrados. Agora, tornou-se uma vítima dessa mesma lógica e razão. Seu ser altamente evoluído racionalmente não pode penetrar na fatalidade do ato que destruiu uma vida que ele construiu tão meticulosamente.

— Você disse que Elizabeth é totalmente diferente — cutuquei.

— Bastante. Ela é o que na Terra costumam chamar brincando de "espírito livre". Ela literalmente emana paixão. Para ela, lógica, ordem e detalhe são meios para um fim. Para Tom, lógica, ordem e detalhe são o fim. Elizabeth viveu sua vida com emoção; Tom viveu com intelecto.

Eu estava certa de que nós chegaríamos a algum lugar, então continuei a questionar o médico:

— Antes desta encarnação existia algum tipo de carma entre Elizabeth e Tom?

— Nenhum — foi a resposta curta.

Era o que eu pensava.

— E quanto a Jessica? Algum carma entre Tom e ela?

De novo o médico respondeu que não.

Triunfante, revelei minhas suspeitas a Ian:

— Aposto qualquer coisa que Elizabeth veio para a vida de Tom como uma professora, dando a ele a chance de sentir emoções que seu espírito sempre ignorou.

— Pode ser — concordou o médico.

Eu tinha mais uma questão, mas bem lá no fundo já sabia a resposta. Então, por ora, fiquei sem perguntar.

— Ian, acho que você está certo: não há como eu quebrar a redoma emocional em que ele está. Você mesmo disse: seria como enfiar um canudinho através de uma parede de tijolos. Ele está sentindo emoções que sempre reprimiu e agora simplesmente não sabe como lidar com elas.

Ian comparou o espírito de Tom com uma criança na Terra.

— Imagine um bebê que, ao nascer, é colocado em uma bolha protetora e anti-séptica, à prova de germes, bactérias ou vírus.

Eu sabia aonde Ian queria chegar.

— Tão logo a bolha se desfaz — eu acrescentei —, a criança fica mortalmente doente, porque o corpo nunca foi exposto a todos os males comuns na infância, como resfriados, irritações de garganta ou dores de ouvido.

O médico explicou que a bolha protetora impedia a criança de desenvolver seu próprio sistema imunológico. Quando a bolha lhe é tirada, o corpo é totalmente atacado por germes, bactérias e vírus.

O médico olhou para Tom e balançou a cabeça, frustrado.

— Tom construiu uma bolha emocional ao seu redor. Ele não sabe como lidar com sensações que nunca se permitiu sentir. E, francamente, eu não sei como resolver isso, porque nunca vi nada assim — refletiu tristemente e, mostrando sua frustração, continuou: — Ele está preso em um ciclo. Volta após volta, sua lógica altamente desenvolvida se torce, tentando analisar e entender. Mas, quanto mais ele tenta, mais frustrado e revoltado ele fica. Seu senso de lógica e ordem é tão refinado que ele simplesmente não consegue achar qualquer racionalidade lógica para os assassinatos.

Tom era uma vítima não apenas do assassino. Ele estava se tornando uma vítima de si mesmo. Pedi a meu amigo médico para raciocinar comigo:

— Você diz que ele tem dois problemas. Primeiro, a lógica que ele preza tanto não ajuda em nada no que aconteceu. Segundo, ele está sendo confrontado com emoções que nunca se permitiu sentir antes e não sabe o que fazer com elas.

O médico concordou e esclareceu:

— Como você pode controlar sua raiva se você nunca se permitiu ter raiva?

— Ou — completei — como podemos ter compaixão sem ter sofrido? Como podemos perdoar se nunca fomos feridos? Quando perceberemos que o ódio é tão importante quanto o amor, e a raiva tão importante quanto a gentileza?

O médico procurou explicar por que os espíritos que desencarnavam da Terra sofriam tantos problemas emocionais:

— Eles aprendem, desde pequenos, que é errado sentir raiva, ciúme medo ou ambição. Quanta besteira! — lamentou. — E aquele amor que é tão forte que chega a sufocar, ou a coragem tão cega que expõe ao perigo o corpo físico? Crescer espiritualmente é reconhecer que as emoções são ferramentas da evolução. Como pode alguém declarar que uma ferramenta é melhor que outra? Um martelo não faz o mesmo que uma chave de fenda, e uma furadeira não serve como um alicate. Cada ferramenta é desenhada para uma função específica. Nada acontece por acaso.

Ian tinha razão, mas eu cultivava minhas próprias idéias sobre o papel das emoções na esfera terrestre.

— Nós dois sabemos que a Terra é uma vibração intermediária — comecei. — Não é a vibração mais baixa, mas está longe de ser a mais alta. Por estar numa posição intermediária, a Terra abriga espíritos dos mais variados tipos.

Percebi que Ian não havia entendido muito bem, mas o assunto o havia intrigado e ele pacientemente esperou que eu concluísse.

— A Terra — continuei — é um lugar complicado. É o lar de espíritos que atravessam suas primeiras encarnações. Vamos chamá-los de Grupo Um. Eles saíram de vibrações inferiores e seu progresso os trouxe para a Terra. Muitos desses "calouros" estão apenas começando a compreender o que significam o livre-arbítrio e as escolhas. Alguns se sentem incomodados com isso. Esses espíritos esperam receber regras de conduta rígidas e inflexíveis, e na Terra há religiões que lhes oferecem isso.

— Nunca havia pensado nisso — refletiu Ian. — Mas você tem razão.

O médico aguçou os ouvidos, instigando-me a continuar.

— Depois, há os espíritos intermediários, que chamaremos de Grupo Dois. Eles vêm encarnando na Terra há muito tempo e, por várias razões, gostam dela. Sentem-se atraídos pelos prazeres, emoções e confortos terrestres. Para eles, no estágio de desenvolvimento em que se encontram, a Terra é ótima.

Ian achava que esses espíritos deviam ser a maioria dos que encarnavam na Terra, e ele estava certo. Essas almas tinham se acostumado com a vibração terrestre.

— Mas ainda há mais — emendei. — No Grupo Três se encontram os espíritos que estão encerrando seu ciclo de encarnações na Terra. Eles estão prontos para seguir adiante. Depois, há o Grupo Quatro. Eles não fazem mais parte da vibração terrestre. Os espíritos desse grupo encarnaram na Terra para aprimorar um aspecto específico de seu desenvolvimento. Depois vêm os espíritos do Grupo Cinco. Estes retornaram voluntariamente à esfera terrestre. Eles têm uma missão.

Ian, percebendo aonde eu iria chegar, comentou:

— Isso explica por que há tantas religiões e crenças diferentes na Terra, cada qual atraindo espíritos de acordo com seu estágio de evolução. — Ele fez uma pausa, passeou lentamente os olhos pelo hospital e completou: — É por isso que as almas terrestres são confusas em se tratando de sentimentos. As diferentes religiões, com suas conflitantes mensagens de culpa, repressão e supressão de emoções, dificultam nosso trabalho.

Eu e o médico estávamos de acordo: há tempo e razão para todo propósito.

Sensações como raiva, ódio e ciúme, tidas como erradas, fazem parte da composição espiritual de todos, e nenhuma delas é mais certa ou mais errada. O Criador permite que todas as emoções existam, especialmente na Terra, para que os espíritos possam aprender e evoluir com elas.

Ian e eu também sabíamos o que poderia acontecer se não convencêssemos Tom. Lendo meus pensamentos, Ian falou:

— Ele pode morrer — declarou de forma simples porém dramática.

— Sim — respondi num sussurro.

Não estávamos falando da morte física. Espíritos são imortais e não morrem. Falávamos da morte espiritual, na qual o espírito, soterrado pelos fardos que carrega, é acometido de uma paralisia que o impossibilita de seguir adiante.

— Nós dois já testemunhamos espíritos vivendo na raiva, no ódio e no medo. Eles habitam as trevas, escondendo-se da luz, penando nas terras obscuras, densas e sombrias do astral. Esses espíritos não estão "mortos", mas estão desperdiçando o precioso dom da eternidade.

Olhei firme e demoradamente para Tom. Pensei em sua vida, na forma como havia morrido e na situação em que se encontrava neste momento. Projetei tudo na minha frente, não como eventos isolados e distintos, mas em toda a sua integridade. Em outras palavras, olhei para Tom através de uma perspectiva universal.

— Doutor, aposto que uma das razões pelas quais ele encarnou foi aprender a lidar com as emoções. É óbvio: um espírito totalmente racional e sem nenhuma emoção casa-se com uma personalidade emocionalmente exuberante como Elizabeth. Tenho quase certeza de que eles se conheceram nesta encarnação para aprender um com o outro. Vejo Tom como um espírito do Grupo Dois. Muito embora eu não conheça Elizabeth, posso assegurar que ela pertence ao Grupo Três ou Quatro.

O médico concordou, dizendo que ambos planejaram o casamento antes de encarnar. Mas ele não entendia o que isso tudo tinha a ver com o tratamento de Tom.

— Chego lá num segundo — respondi. — Tenho certeza de que descobriremos que sua morte tem a ver com as lições que ele precisava aprender.

Ian concordou:

— Nada acontece por acaso. Ele amava a mulher e a filha,

mas elas eram apenas figurantes neste drama. Ele nunca tinha convivido com elas. Seu único contato foi antes desta última encarnação, quando, por intermédio dos guias, eles decidiram se encontrar na esfera terrestre.

Mas restava ainda uma incômoda pergunta:

— E onde entra seu assassino, David Heinz? Houve contato anterior entre eles? Tratava-se de carma?

Ian sorriu e disse:

— Acho que você sabe a resposta.

Resumidamente, repassei o problema que tínhamos em nossas mãos:

— Eis aqui um espírito que encarnou para trabalhar suas emoções, ou, melhor dizendo, a falta delas. Ele se apaixona, tem uma filha e, em razão de um ato de violência, seus dois amores morrem. E ele também. Agora — estiquei o braço e pousei-o sobre o espírito adormecido — ele está aqui, atormentado por sensações nunca antes experimentadas.

Um lento e largo sorriso se espalhou pela alma de Ian. Ele finalmente tinha entendido aonde eu queria chegar.

— Você vai ter de atingi-lo em sua própria lógica, não é?

— Tenho outra escolha?

O médico suspirou e preveniu-me da dificuldade da tarefa:

— O lado racional, do qual ele tem tanto orgulho, está sendo massacrado por emoções fora de controle.

— É, doutor, ser guia não é nada fácil — brinquei.

Expliquei que eu teria de começar por algum lugar, e eu poderia atacar justamente o ponto forte do espírito:

— Quando ele despertar, terá três caminhos diferentes para seguir. O primeiro é a morte espiritual: ele pode decidir que é mais cômodo refugiar-se nessa letargia que está construindo ao seu redor. Ele será tragado pelas vibrações inferiores.

O médico estremeceu.

— Se isso acontecer — comentou —, será preciso muito tempo e esforço para trazê-lo de volta. Há vários espíritos que, depois de desencarnar da Terra, permanecem voluntariamente nessas vibrações durante séculos.

À medida que ele falava, eu me recordava das vibrações obscuras e distorcidas que vira no corredor da morte. Como diz o ditado, "desgraça de muitos consolo é".

Desfiz-me daquelas lembranças o mais rápido que pude e continuei a descrever as outras alternativas de Tom.

— Ele poderá querer saciar a sede de vingança. Vai tentar perseguir implacavelmente o assassino, tornando-se obcecado pelo crime e pelo criminoso.

O médico fez um grave aceno com a cabeça. Por fim, falei da última alternativa e de como tudo se resumia a um grande "se".

— Se eu puder apelar para sua razão e lógica e oferecer-lhe uma explicação por trás dos assassinatos, poderei resgatá-lo da escuridão. Eu preciso oferecer a Tom algo em que possa se agarrar. Este espírito necessita de uma arma, por menor ou mais frágil que seja, para lutar contra as trevas que o estão devorando.

Tinha chegado a hora de enfiar o canudinho na parede de tijolos.

De maneira calma, suave, tranqüila e delicada, deixei meus pensamentos fluírem:

— Tom, você está vivo. Elizabeth e Jessica também. Elas estão aqui comigo.

(Tudo bem, era mentira. Mas e daí? As chances de que ele despertasse de seu coma e saísse para um piquenique em família eram nulas...)

— Vocês três estão bem — continuei. — O pesadelo acabou. Você está a salvo. Jessica e Elizabeth precisam de você. Você está vivo.

Não houve reação, mas eu também não estava esperando nenhuma.

— Tom, quando você acordar, terá algumas escolhas a fazer. Algumas vozes lhe dirão aquilo que você quer ouvir. Elas vão mentir e farão o que puderem para chamar sua atenção. Não dê ouvidos a elas.

Ian concentrou-se apreensivamente nos redemoinhos coloridos ao redor de nosso paciente. Sua aura não se havia alterado.

— Haverá mais uma voz. A voz da lógica e da razão. Essa voz o forçará a entender o significado de sua morte. Essa voz é a voz da verdade. Ouça-a.

Ian constatou que a aura do paciente continuava inalterada. No entanto, continuei determinada a enfiar o canudinho na parede.

— Tom, você está mais vivo do que nunca. A voz vai provar-lhe isso de maneira lógica e racional. Passo a passo, ela lhe mostrará como tudo deve ser. Dê atenção a essa voz e não àquelas que têm respostas fáceis. Essas falam com seus temores; a outra fala com a razão. A escolha é sua.

A recuperadora vibração púrpura se intensificou. No túnel, as cores em redemoinho que analisavam a aura do paciente estabilizaram-se e mesclaram-se em uma única e harmoniosa vibração.

Fiz o melhor que pude, mas não tinha a menor idéia de qual voz ele iria acatar.

11

Oi, Harry

Nem eu nem o médico sabia se eu havia conseguido me comunicar com Tom. No entanto, havia uma coisa com que podíamos contar: mais cedo ou mais tarde ele estaria acordado. Nós não fomos criados para desperdiçar nossa existência dormindo em um casulo protetor. Porém, enquanto ele ainda dormia, não havia nada mais que eu pudesse fazer. Assim, tinha tempo de ir ao Texas dizer um alô para Harry.

O brilhante círculo de vidro da ala hospitalar ficou para trás e eu me encontrei em um pequeno *flat* de um quarto em Livingston, Texas. Harry morava ali e o lugar era um lixo. O apartamento parecia que tinha sido mobiliado com peças conseguidas com o Exército da Salvação.

O quarto era um desastre: roupas sujas estavam empilhadas num canto; a cama, jogada no meio do cômodo, não estava arrumada. Um horroroso abajur de cerâmica alaranjada sobre um criado-mudo de madeira lascada era o que tinha de melhor no quarto; um pequeno guarda-roupas com camisas caindo de seus cabides e um tapete cinzento de viés complementavam a decoração.

A sala de estar não era muito melhor que isso. Mantendo o estilo Exército da Salvação, lá estava um sofá surrado de um marrom desbotado com uma colcha amarela jogada sobre ele. Ao lado havia uma poltrona de couro preto descascado torta para a direita. Um televisor em cores com uma tela suja e empoeirada estava plantado contra a parede e uns trinta ou quarenta livros estavam amontoados ao redor, desordenadamente, no canto do assoalho nu.

Na cozinha, encontrei uma geladeira barulhenta, uma pequena pia esmaltada repleta de louça suja e uma mesa onde um jornal aberto estava todo coberto com farelos de pão. Uma xícara, contendo o resto frio do seu café da manhã, estava largada sobre algumas correspondências ainda não abertas.

Este era o lar doce lar de Harry, seu refúgio mais do que particular para o mundo. Ele entraria em seu abrigo a qualquer minuto, sua rotina nunca mudava. Quando o turno de Harry no bar terminava, ele jantava uma pequena refeição perto de lá. Então parava para comprar o jornal de Houston e talvez alguma coisa para comer em casa. Ali pelas sete e meia, ele estaria subindo as escadas de seu pequeno apartamento. Sem sequer pensar, iria ligar a TV, sentaria na cadeira torta, leria seu jornal e cairia no sono. Nesta noite, eu iria dar uma agitada na sua rotina.

Em algum ponto desse incessante redemoinho noturno, eu iria aparecer. Na verdade, venho lentamente fazendo um contato com ele. Harry sabe que algo está por vir; não se esqueça de que o sujeito é um médium.

Há umas poucas manhãs, enquanto se barbeava, eu timidamente revelei minha presença. Ele me sentiu, e um arrepio subiu e desceu por sua pele. Ele olhou sobre seu ombro e deixou escapar um suspiro de tédio.

Mais tarde naquele dia, caminhei ao lado dele quando saiu do bar e ele sentiu um zunido na orelha direita. Ele rosnou e sacudiu a mão no ar. Disse ao espírito que o estava incomodando, ou seja, eu, que o deixasse em paz.

Mas naquela noite o jogo de esconde-esconde teria um fim.

Harry abriu a porta de seu apartamento. Trouxe uma pequena sacola com um pacote de pão de fôrma, café, três garrafas de cerveja e o jornal da noite. Harry deu uma boa olhada pelo apartamento, andou até a cozinha e pôs a sacola sobre a mesa onde o jornal da manhã ainda jazia aberto.

A manchete alardeava: JULGAMENTO DE ASSASSINATO TRIPLO COMEÇA AMANHÃ. O rosto de David Heinz estava estampado na primeira página perto de pequenas fotos de Tom, Jessica e Elizabeth. A legenda sob a foto trombeteava: PEDIDA PENA DE MORTE PARA O ESTUPRADOR E ASSASSINO.

Sem tirar os olhos do jornal, Harry disse em voz alta:

— Se você não está aqui para me dar os números ganhadores da loto de amanhã, vá embora.

Como não havia ninguém mais na sala, presumi que ele estava falando comigo. Como não respondi, ele anunciou:

— Não vai adiantar nada, ele vai morrer.

Esse cara era melhor do que eu pensava. Todo o meu plano elaborado voou pela janela.

— Você está certo — retruquei. — Será um julgamento rápido. Ele será mandado aqui para Livingston e colocado no corredor da morte. É apenas a algumas quadras daqui, não? Você, Harry Clark, vai ajudá-lo. — Pensei que podia ir direto ao ponto. Aquele sujeito não era nada bobo.

Ele riu.

— E o que a faz pensar que me importo com esse vagabundo? Olha aqui — Harry batia com o dedo no jornal com indignação —, ele estuprou e estrangulou uma mulher até a morte, matou uma menininha, depois atirou no peito do pai dela. Por que eu o ajudaria? Vá amolar outro.

— Não há mais ninguém. Fui mandada para você.

Harry ainda não havia desviado o olhar de seu jornal, e fazia o possível para me ignorar.

— Existe uma porção de videntes por aí. Ligue a TV, e ligue já, eles estão todos lá e só cobram 1,99 o minuto. Pegue um deles, aposto que ficarão felizes em ajudar — sua voz gotejava sarcasmo.

Eu estava preparada para essa sua atitude. Na verdade, Harry não sabia o quão preparada eu estava.

— Você pode estar certo, mas é o único que está em Livingston, Texas, morando a poucas quadras do corredor da morte.

Ele finalmente tirou os olhos da foto com o sorriso sacana de David Heinz, e, quando o fez, Harry viu uma menina negra de dezesseis anos de idade parada à sua frente.

Eu usava a forma de minha última encarnação, esperando que uma aproximação simples e direta fosse melhor. Estava certa de que Harry não se impressionaria com "o ser luminoso ou o velho homem sábio" já manjados.

Ele riu e perguntou por que mandaram uma criança.

Eu perdi a esportiva e disparei:

— Você também não é exatamente o que eu esperava — e, irritada, disse a ele que, se fosse por mim, nem me preocuparia em vir. — Alguém me mandou porque eu tenho um trabalho a fazer. Mas, se está acima disso, então faça você.

Harry desligou a TV, e o pequeno e bagunçado apartamento ficou quieto. O médium saiu de sua poltrona reclinável e andou devagar pela sala. Ele nunca afastou os olhos de minha aparição.

— Eu poderia pedir que você fosse embora. E você teria de fazer isso. Não pode me forçar a fazer nada contra minha vontade. Estas ainda são as regras, não são?

Eu disse a ele que nenhuma regra havia mudado. Fiz uma pausa rápida e desafiei:

— Por que não me pede para ir, então?

Decidi ver se estava blefando.

Mas, ao invés disso, o médium respondeu minha pergunta com outra pergunta:

— Você disse que alguém a mandou. Quem?

Ao menos sua curiosidade havia sido despertada e minha resposta o intrigaria ainda mais. Mas o jogo de perguntas pode ser jogado por dois.

— Eu lhe falo daqui a pouco — prometi. — Mas existe uma coisa que está me incomodando desde quando soube de tudo a seu respeito. Por quê?

— Por que o quê? — rebateu ele.

— Por que você desistiu? Por que parou de usar o talento com o qual nasceu? Estou curiosa.

Harry praguejou baixinho. Ele parou de andar e se acalmou, sentando no chão, no meio da sala de estar. Ele tentava organizar suas idéias.

— Quando eu era menino, meu guia me disse que nasci para ajudar os outros — começou, entediado. — Nasci para fazer uma diferença na vida das pessoas. — Harry cuspia as palavras: — Não funcionou. Eu nunca fiz nenhuma diferença. As pessoas não se importam. Eu era um entretenimento, uma aberração, ou alguém que eles alugavam vinte e quatro horas por dia para responder a suas perguntas ou amenizar seus medos e ansiedades. Mas ninguém levava esse negócio a sério. Foi por isso que desisti.

Harry alternava entre tristeza, desespero e raiva enquanto explicava suas razões para interromper seu contato com espíritos e praticamente com o mundo em que vivia.

Havia tristeza em sua voz quando ele disse:

— Eu queria provar que a vida não acabava com a morte. Ao mostrar para aquelas pessoas que a Terra era apenas uma pequena parte de suas vidas, pensei que iriam viver de modo diferente. Eu os confortava com uma mensagem de uma mãe, um filho, uma filha... e daí? Você pensa que alguém ou alguma coisa realmente mudava? Não, as pessoas simplesmente continuavam com suas vidas, meio que acreditando na comunicação e meio que acreditando que eu era algum tipo de aberração ou charlatão.

Eu não o interrompi e continuei a ouvir suas frustrações:

— Vinte e quatro horas por dia, sete dias por semana, uma sinfonia interminável de perguntas: o que eu achava disso, o que eu achava daquilo. Nunca uma folga, e ninguém nunca se importou com meus problemas, sentimentos ou ansiedades. Mas não eram apenas as pessoas que não me davam trégua. Havia os incontáveis espíritos desencarnados exigindo que os ajudasse a achar a luz, implorando por contatos, e assim por diante. Eu sentia todo o medo frio, a dor que queimava, o peso da angústia e do sofrimento dos dois lados, espiritual e terrestre. Não agüentava mais aquilo.

Eu ouvia silenciosamente tudo que Harry estava dizendo. Sabia que não devia interrompê-lo.

Agora a revolta crepitava em sua voz:

— Eu tinha isso com o mundo. Todas as pessoas só ligavam para seus empregos, dinheiro e relacionamentos. Juro que fiz o melhor. Tentei ajudá-los a ver além de seu cotidiano mesquinho e entender o que tudo significava. Não fez bem algum. Sempre as mesmas perguntas: vou ter sucesso, vou achar um namorado, o que o futuro me reserva, de novo e de novo. As pessoas são tão egocêntricas. Então, agora chega.

O médium voltou sua frustração para mim.

— E agora vem você, valsando nesta patética vida que eu construí, querendo me usar para ajudar um assassino? Você é maluca? Este sujeito — ele agora estava em pé, com o jornal nas mãos e chacoalhava a foto de David na minha frente —, este sujeito não dá a mínima para a vida, evolução espiritual ou qualquer outra coisa que você possa querer lhe dizer. Olhe para ele — sacudiu o jornal —, não pode ver o que ele é? Ele tem tons cinzentos ao seu redor. Ele vai morrer e eu não acho realmente que ele se importa.

Harry estava emocionalmente exausto. Aquela devia ser a primeira vez que ele falava de sua mediunidade.

— Vá procurar outro. Estou fora. Não quero nada com este inútil, com corredor da morte ou com problemas cármicos universais. Eu não ligo. Tentei e fracassei. Talvez eu faça certo numa próxima vez.

Ele se jogou em sua poltrona e perdeu o olhar no espaço.

Eu sabia que era minha vez de jogar. Percebi que aquele surrado apartamento era a vida de Harry. Ele não queria nada com o mundo ou suas responsabilidades. Ele podia ser assim. Tinha o livre-arbítrio. Meu trabalho era trazê-lo de volta à vida e ajudálo a entender por que ele havia nascido.

Tinha chegado a hora. Teria de ser naquele momento ou nunca mais. Eu tinha de trazê-lo de volta nos próximos instantes. Ele podia dizer não e eu teria de partir; não poderia forçá-lo.

— Não pode ver que é igual aos que critica? — sugeri.

Ele me respondeu com um olhar vazio. Ele não tinha a menor idéia sobre o que eu estava falando. Fiquei mais do que feliz em explicar:

— Você pode ver além deste mundo. Você sabe mais do que a maioria das pessoas o que vem antes e o que vem depois. Ter esse conhecimento fez alguma diferença no modo como viveu sua vida? — desafiei.

O médium não respondeu.

— Você arrumou sua vida em um pequeno e surrado apartamento de um quarto só. Você tentou se isolar do resto do mundo. Encare, Harry, você não está, como disse, cheio desse mundo mesquinho; você está é fugindo da responsabilidade que tem com o mundo.

Mais uma vez, ele não deu nenhuma resposta. Fui adiante.

— Quero ajudar um homem que está indo para a prisão. Mas

você é um prisioneiro também. Você está preso ao seu ego e ao seu orgulho. Você acha honestamente que tem o poder de mudar o mundo? Dê um tempo, Harry, e, enquanto isso, dê um tempo a si mesmo.

Eu sabia que estava sendo rude, mas vi que não tinha nada a perder. Segui atacando com o que eu podia.

— Você, entre todas as pessoas, é quem mais deveria saber que nada é por acaso. Por que você acha que tem esse talento? Agora há pouco, você quis saber quem me mandou. Ainda quer saber? — Eu estava ganhando tempo para jogar minhas melhores cartas.

Ainda com o olhar perdido, Harry assentiu.

— Um velho amigo. Você o chamava de Bob — informei. — Ele me disse para reativar toda aquela história.

Finalmente, consegui uma reação:

— Eu sempre me preocupei com isso. Quando tinha dez anos de idade ele me disse que em outra vida eu havia sido parte das sombras, as que eu costumava chamar de 'os malvados'. Então, qual é o trato? O que eu fiz, também matei alguém?

— Existem diferentes tipos de assassinatos, Harry. Você nunca matou alguém realmente, mas você foi responsável pela morte de muitos.

Harry ficou chocado. Ele nem sequer podia imaginar o que eu estava falando. No entanto, ele ficou mudo quando uma vida passada se abriu à sua frente. Sem nenhuma emoção, comecei a lhe contar como ele, por causa de ações e intenções, se conectou com as mais baixas vibrações negativas.

— Esta não foi sua mais recente encarnação, devo dizer.

O médium viu, primeiro de modo turvo e sem foco, a imagem de um homem de uns quarenta anos escrevendo em uma mesa.

— Este é você, na época terrestre de 1866. O fim da Guerra Civil americana. Já deve estar se lembrando, agora.

Harry fitou a imagem que se formava lentamente.

— Sim, posso lembrar. Eu era um redator de jornal.

— Você era mais do que isso. Você era proprietário e editor de uma influente cadeia de jornais diários no sul.

Harry voltou para aquele tempo e lugar. Tudo ganhava foco à medida que ele assistia aos eventos ao seu redor.

— Eu me lembro dessas coisas todas — foi tudo que ele disse.

— Você se lembra o quão amargo você foi quando o sul perdeu a guerra? — acelerei sua memória.

Harry fez sinal de positivo com a cabeça.

— Você usou seu jornal, sua influência e seu talento com as palavras para incitar seus leitores. Pode se lembrar do que escreveu?

Novamente, Harry meneou a cabeça afirmativamente.

— Culpei os negros, os liberais do norte, católicos e judeus. Escrevi que negros nada mais eram do que gado, católicos não eram americanos leais e os judeus mataram Cristo. Mas o pior disso é que eu sabia que tudo era bobagem. Bem lá no fundo, eu sabia. Eu sabia que estava errado, mas ainda assim eu fiz aquilo, porque isso traria votos para os candidatos que eu apoiava.

Harry sabia que o que ele plantou ajudou a justificar a Ku Klux Klan e levou ao linchamento de negros, assistentes sociais do norte e judeus por todo o sul. Ele, além de incontáveis outras ações praticadas por incontáveis outros indivíduos, ajudou a criar a vibração do racismo, ódio e desconfiança que ainda hoje ferem profundamente a sociedade americana.

— Mesmo sabendo que o que estava imprimindo era um grande lixo, publiquei de qualquer forma. Sou mais do que responsável pelas minhas ações, porque eu sabia muito bem — lamentou.

Aquela encarnação terminou em 1876, e, embora ele nunca tivesse matado um único ser humano, seus textos e pensamentos o fizeram. O carma foi criado.

Harry, naquela vida de tempos atrás, usou o poder, a inteligência e a posição social para alimentar o ódio e o fanatismo e favorecer suas ambições políticas. Ele não era ingênuo, assim seu carma se aprofundou.

Harry havia sido presenteado com um grande privilégio: o de ver em uma vida o que fizera em outra.

— O talento que você tem, Harry, é para ajudar os outros. Você nasceu como um médium para ajudar espíritos terrestres a vencer o medo da morte e para levantar o testemunho de uma vida depois desta. Você nasceu, desta vez, para falar as verdades eternas da igualdade e irmandade. Você veio a este mundo para mostrar o laço espiritual que nos une a todos, um ao outro.

Harry olhou para mim e perguntou:

— Alguém ouve de verdade?

Respondi dizendo que ele viu os resultados de sua encarnação anterior, "muita gente ouviu você naquela época". Mas expliquei a ele que ele não era um juiz.

— Nenhum de nós pode julgar o outro. Nenhum espírito segue o mesmo caminho, nenhum espírito tem o mesmo carma. Por exemplo, como você pode criticar alguém depois daquela encarnação anterior?

Harry ficou mudo. Quando ele finalmente falou, tinha um sorriso em seus lábios:

— Então eles me mandam uma menina negra, de uns dezesseis anos de idade, para convencer um racista do sul a ajudá-la a fazer contato com um assassino. Quem disse que o Universo não tem senso de humor?

Eu tive de rir. Estava começando a gostar daquele cara. Mas não havia tempo para papo furado. Nós dois sentimos que havia dois outros espíritos na sala. Minhas duas últimas cartas tinham chegado.

Os dois espíritos se apresentaram a Harry fazendo com que ele notasse suas presenças. Ele olhou para cima e viu os espíritos de duas mulheres maduras.

— Ajude meu filho — implorou o primeiro espírito.

— Ajude o meu também— pediu o segundo.

Harry sabia quem elas eram. A primeira era a mãe de David. A segunda era a mãe de Tom. O ciclo estava completo. Harry, um prisioneiro do seu próprio ego, foi chamado para ajudar David, que logo seria prisioneiro do corredor da morte. Harry, um prisioneiro do seu próprio passado, foi chamado para ajudar Tom, um prisioneiro de sua própria revolta. E eu, Maryanne, uma garota negra de dezesseis anos assassinada, reuni um velho racista, um assassino e sua vítima. O Universo não apenas tinha senso de humor, também tinha algum talento dramático! Ou poderia isso ser senso de justiça?

As duas mães esperavam por uma resposta.

Harry olhou para elas e depois para mim. Ele prometeu fazer o melhor possível.

— Agora, caiam fora daqui todos vocês — exigiu. — Tenho um longo dia pela frente. Tenho de ir assistir a um julgamento em Houston.

Eu estava pronta para sair, mas não resisti e disse umas palavrinhas de despedida.

— Harry, só mais uma coisa. Contrate uma faxineira, este lugar está um lixo.

12

O começo do fim

O dia seguinte era o primeiro dia do julgamento pelos assassinatos. Harry decidiu fazer a viagem de uma hora de carro até Houston para assistir.

— Convencer a mim para ajudar foi a parte fácil — refletiu o médium. — Agora temos de achar um jeito de convencer o assassino a nos deixar ajudar.

A questão não era se David precisava ou não de nossa ajuda. Tanto Harry quanto eu sabíamos o resultado do julgamento: a pena de morte.

— O julgamento é minha chance de vê-lo bem de perto — explicou o meu mais recente cúmplice recrutado. — Preciso me afinar com ele e com o que está ao seu redor.

Harry saiu de Livingston às cinco da manhã; ele queria se assegurar de que pegaria um bom lugar. Sete meses antes, o crime tinha ganhado a atenção do público e ele tinha certeza de que uma multidão estaria esperando as portas do tribunal se abrirem às dez.

Eu, claro, não tinha de me preocupar sobre onde sentar. Meditei e então logo estava lá, enquanto Harry entrava pelo enorme tribunal de paredes forradas de mogno, com mais de cem outros espectadores.

Nós estávamos lá quando uma escolta policial de quatro homens colocou o arrogante réu no meio de uma mesa de carvalho longa no canto direito do tribunal, perto de seu advogado. Apesar de mais magro, ele não estava muito diferente de quando o vi pela primeira vez na cena do crime. Seus olhos espelhavam seu modo desafiador, e seu já famoso sorriso sacana, que fora impresso e filmado pela mídia local durante os últimos meses, estava estampado em seu rosto.

Do outro lado da sala, distante uns seis metros em espaço aberto, a acusação aguardava atrás de uma pequena e bem organizada pilha de pastas coloridas. Atrás das duas mesas, da defesa e da acusação, o público estava sentado. Harry se posicionou na terceira fila, o mais à esquerda que lhe foi possível, assim teria uma boa visão do réu. O médium não se importava com o julgamento; estava interessado em David.

Na frente do tribunal, sentava-se um juiz de toga preta. Este, postado sobre uma plataforma elevada por trás de uma tribuna de carvalho, estava entre as bandeiras americana e a do estado do Texas. Do seu lado esquerdo estava o espaço do júri, onde doze cidadãos comuns de Houston esperavam ansiosamente que o julgamento começasse.

Esta era a cena vista a olho nu; mas eu via além deste jogo tridimensional prestes a se iniciar. Eu me posicionei bem no centro da sala, entre o juiz, júri, promotoria e defesa. No espaço vazio da sala de carpete azul, eu tinha o melhor lugar da casa e a perspectiva de minha vibração mostrava exatamente o que estava acontecendo no interior deste átrio da Justiça.

Em pé atrás de David estava o espírito de uma pequena mulher grisalha. Seu nome era Dorothy. Ela era a mãe de David que morreu de câncer quando ele tinha sete anos de idade. Eu senti a tristeza e a frustração enquanto ela tentava, em vão, fazer contato com seu filho.

— Davie, Davie. Você não está sozinho. Mamãe está aqui. Não tenha medo — murmurava, enquanto acariciava os cabelos pretos e crespos do filho de vinte e seis anos. David Heinz era um assassino e estuprador frio e sem coração para todos os que estavam sentados naquele tribunal, mas para sua mãe o "Davey Ondinhas", como ela o chamava, era seu filho e ela estaria ao seu lado quando ele fosse julgado por sua vida. Dorothy sabia que David era culpado e seria sentenciado à morte. Mas, ainda assim, Davey Ondinhas era seu garotinho.

— O que mais posso fazer? — suplicava ela para mim do outro lado da sala.

— Nada e tudo. Mande a ele todo o amor que puder e talvez, quem sabe, amolecerá seu coração e ele vai ouvir quando nós o chamarmos. — Indiquei Harry com a cabeça quando disse isso.

Harry, que também viu Dorothy, ouvia nossa conversa. Ele lhe deu um sorriso encorajador e apontou na direção do júri, que acabava de tomar seu lugar à minha esquerda.

Estudei os doze jurados e encontrei um reflexo de cada pensamento, idéia e emoção presente na esfera terrestre. Eu podia apenas adivinhar quais forças cármicas seriam movimentadas por este julgamento. O carma nunca deixa de me fascinar. Muito tempo atrás eu aprendi que a intenção, não a ação propriamente dita, é o que determina como as rodas do carma são alinhadas.

Deixe-me dar um exemplo de intenção.

Três pessoas doam a mesma quantia em dinheiro para a caridade.

O primeiro homem, enquanto assina o cheque, diz a si mesmo:

— Meu contador disse que, se eu diminuir minha faixa de contribuinte de imposto, vou economizar mais de cinco mil dólares.

O segundo manda seu dinheiro esperando que seja recompensado por sua contribuição.

— Quando for perguntado se eu ajudei os outros, posso dizer que sim — diz a si mesmo pensando no famoso dia do juízo final.

A terceira pessoa envia seu dinheiro alegremente para a caridade.

— Estou indo bem — avalia o homem —, mas há aqueles que não estão.

Na Terra, todas as três doações têm o mesmo efeito. A mesma quantidade de comida, roupas ou remédios é comprada com as três contribuições. Mas a posição das rodas do carma é algo diferente.

Os primeiros dois homens tinham a mesma intenção: ganhar, quer seja nesta vida ou na próxima. As intenções foram egoístas. A terceira pessoa, no entanto, pensava no próximo, pensava nas pessoas ajudadas pelo dinheiro. Mesmas atitudes, mesmos resultados, mas intenções diferentes trazendo carmas diferentes. Vale lembrar que o carma não é uma recompensa ou retribuição, é simplesmente a conseqüência da intenção por trás da ação.

Eu vi diferentes rodas do carma sendo postas em movimento

pelo drama terrestre que estava para começar enquanto cada pessoa envolvida trazia suas próprias intenções, desejos e expectativas.

Vejamos Jim Baldwin, o alto e distinto promotor, por exemplo. Ele é um homem relativamente jovem, tem apenas trinta e nove anos. Ele tem grandes ambições políticas. Baldwin sonha em ser o próximo governador do Texas e eventualmente um senador dos Estados Unidos. Ele, e não algum promotor assistente, está pessoalmente comandando esta acusação porque ele sabe que é fácil ganhar e trará a ele a publicidade necessária para alavancar seu futuro.

Este promotor sabe que a pena de morte, como inibição à criminalidade, fracassou terrivelmente. Texas tinha o maior corredor da morte e a mais ativa câmara de execução nos Estados Unidos, mas o Texas também é o estado com um dos maiores índices de assassinatos.

No entanto, ele ainda assim iria pedir aos jurados a pena de morte. Não porque isso iria reduzir o crime no Texas, mas porque ele sabe que, condenando David Heinz à morte, eleitores por todo o estado veriam que Jim Baldwin é duro com o crime e impiedoso com assassinos. O promotor não se importava com a justiça mas sim com o que lucraria.

As rodas do carma de Baldwin giravam lentamente.

Mark Hartman é um dos doze jurados. Ele é um major reformado do Exército, alto e empertigado. Em sua encarnação anterior, este espírito sofreu porque não sabia lidar com o livre-arbítrio. Então, antes de reencarnar, ele procurou um ambiente onde riscos e escolhas seriam limitadas e assim poderia reaprender a usar sua vontade própria. Foi por isso que ingressou no Exército americano: este espírito necessitava de limitações. Hartman não teria nenhum problema em votar pela pena de morte. Ele honestamente sentia que estaria cumprindo seu dever cívico e contribuindo com a ordem e a disciplina da sociedade. Sua intenção era deixar claros e definidos os limites morais para a sociedade. Mesmo que estivesse participando da morte de um ser humano, seu carma seria diferente do que teria o promotor público.

A jurada sentada à esquerda de Hartman era uma mãe de vinte e oito anos de idade, de um bairro próximo de onde Tom e

Elizabeth viviam. Ela temia homens como David e estava ansiosa em fazer parte deste júri. Esta mulher lamentava por Elizabeth e sua filhinha morta e votaria pela pena de morte para vingá-las. As rodas girariam para ela diferentemente de como girariam para Hartman ou para o promotor.

O terceiro jurado era um espírito interessante. Eu podia ver que estava próximo de sua última encarnação na Terra. Ele viveu uma vida curiosa. Primeiro, como um marujo mercante, viajando e conhecendo quase todos os países do planeta. Agora ele era um motorista de táxi, escolhendo esta profissão para que pudesse ter contato com as mais variadas personalidades vivendo na esfera terrestre.

O homem de vinte e cinco anos que continha este espírito estava feliz por estar neste júri. Ele via isso como mais uma experiência de aprendizado na qual poderia descobrir ainda mais sobre si mesmo e seus colegas humanos. Este jurado tentaria convencer o resto do júri a votar contra a pena capital e a favor da prisão perpétua. Mas, no final, ele se renderá à maioria. Ele não se prenderia às próprias convicções e seria convencido pelos outros onze. O carma para este motorista de táxi seria, sem dúvida, muito diferente do dos outros.

Este júri era mesmo um mosaico de diferentes níveis de desenvolvimento espiritual na esfera terrestre. E, em poucos dias, este mosaico mandaria um de seus iguais para a câmara da morte.

Enquanto eles deliberavam atrás de portas trancadas, encontrariam todas as justificativas pessoais de que precisavam.

A Bíblia: "Olho por olho, dente por dente" seria uma citação bem popular.

Escândalo moral: "O canalha assassinou três pessoas inocentes".

Bom senso: "O que quer fazer: trancar o cara pelo resto da vida às custas de quem paga imposto?"

Dever cívico: "Temos o direito de nos proteger contra esse tipo de gente".

Mas todas as citações bíblicas, a indignação moral e os apelos ao bom senso ignoravam um fato importante: David Heinz, não importa o quão repulsivo ele possa parecer, era um espírito.

Ele é um estuprador e é um assassino, mas seu espírito jamais está além da redenção.

Tanto Harry como eu estávamos neste tribunal para ajudar a ambos, assassino e vítima. Queríamos que os dois espíritos continuassem livremente sua própria evolução sem quaisquer conexões cármicas entre eles. Não seria uma missão simples.

Tom teria de esquecer de David, teria de perdoar.

David teria de desistir de sua personalidade egoísta, arrogante e distorcida para entender o grande crime espiritual que cometera. Finalmente, ele teria de assumir a responsabilidade por seus atos e entender que seu encontro com o carrasco era meramente um começo, e não o fim.

Harry, sentado na terceira fila, não dava a mínima para o drama cármico que era escrito naquele tribunal. Ele se concentrava em David, tentando achar um meio de convencer o jovem assassino a deixá-lo ajudar.

O médium assistiu a quando o espírito da mãe acariciou a cabeça do filho. Harry olhou e, indicando com a cabeça onde Dorothy amparava David, sorriu.

— Achei o que estava procurando — disse Harry a mim, em pensamento.

13

O fim do começo

Harry estava certo: não tínhamos de acompanhar o cotidiano do julgamento. Na realidade, seriam dois julgamentos, o primeiro para determinar se Harry era inocente ou culpado. Este duraria quatro dias.

A promotoria tinha o revólver de David e as balas desse revólver eram idênticas às retiradas dos corpos de Tom e Jessica. David foi implicado pelo teste de DNA feito no esperma achado em Elizabeth, e suas digitais estavam em todo o carro. Era um caso praticamente encerrado.

A defesa não tinha testemunhas para chamar.

A segunda fase devia determinar se ele merecia a pena de morte ou prisão perpétua.

A promotoria mostraria aos jurados fotos da cena do crime: o corpo de Jessica coberto de sangue e closes de sua cabeça dilacerada pelas balas de David. Eles mostrariam terríveis fotos de Elizabeth: seu corpo violentado e os hematomas causados por seu assassino.

A promotoria chamou o pai de Tom, que disse ao júri que jamais iria ver seu filho ou sua neta de novo. Contendo as lágrimas, ele implorou ao júri que enviassem o assassino para a morte:

— Meu filho era um professor e minha neta tinha apenas três anos de idade. O assassino deles não tem o direito de viver. Vinguem meu filho, sua esposa e minha neta. Façam a coisa certa e mandem este monstro para a morte.

Os pais de Elizabeth, que falaram por meio de um tradutor de espanhol, contaram ao júri o buraco que David havia aberto em suas vidas, levando embora sua filha e sua neta.

O velho casal disse ao júri que acreditavam que Deus não havia criado David Heinz, porque o matador não tinha alma.

— Como poderia Deus criar um homem assim, que mata sem sentir culpa? Deus não faz coisas assim. Este homem é o mal, e o mal deve ser destruído — disseram a um júri silencioso.

Antes de explodir em lágrimas, o pai de Elizabeth se virou para David, que ostentava um ar impassível, e disse:

— Seu canalha, eu não tirei os olhos de você desde que o julgamento começou. Você sentado aí sem nenhuma emoção, nenhum remorso e nenhuma culpa. Eu vou estar lá para assistir quando eles o amarrarem e o matarem. Quero ver se você ainda vai ter esse sarcasmo na cara. Eu juro, vou estar lá.

David não mostrou reação nenhuma diante das palavras do pai de Elizabeth Del Rio. O júri, voltando sua atenção para o réu enquanto o velho homem falava, viu a curva de desprezo formando um sorriso sacana nos lábios do assassino enquanto ele ouvia os lamentos do pai.

Seu destino estava selado.

A defesa, nesta fase, podia tentar mostrar ao júri que havia um outro lado do réu que eles deviam conhecer antes de tomar sua decisão. O advogado argumentou que David estava tão tomado pelo álcool e pelas drogas que não tinha controle de suas ações.

As doze pessoas sentadas no julgamento não se convenceram, e a defesa não tinha ninguém que pudesse pedir pela vida de David.

Não havia testemunhas para pedir por misericórdia: ele não tinha pai, porque sua mãe foi abandonada antes de David nascer. Não tinha irmãos ou irmãs, tias ou tios, amigos ou vizinhos para dizer que David não merecia morrer. Ninguém que pudesse interceder: "Prendam-no por toda a vida mas não o matem. Deixem que ele apodreça na prisão até que morra, mas poupem sua vida".

A defesa não tinha circunstâncias atenuantes para apresentar. Não havia histórias de derreter um coração sobre uma infância negligenciada e maltratada. Quando Dorothy estava viva, ela amou e cuidou com carinho de seu garotinho. Ela morreu quando ele tinha sete anos e ele foi criado por uma tia solteirona que o tratava como se fosse seu filho. A tia morreu quando ele tinha dezoito e David esteve por sua conta desde então.

Não havia ali ninguém por David, a não ser Dorothy Heinz.

Ela esteve ao seu lado quando o juiz leu a sentença de morte. Ela esteve com ele quando o trancaram em uma cela de concreto de pouco menos de dois metros quadrados, e estaria com ele, poucos anos depois, quando eles o prenderiam em uma maca e bombeariam drogas mortais em suas veias.

— Vocês vão ajudá-lo? — perguntou ela a Harry e a mim momentos antes do início do julgamento.

— Vamos precisar de sua ajuda, especialmente Harry — respondi. — Ele tem de achar um meio de fazer David conversar com ele. É aí que a senhora entra.

Harry, na platéia, assentiu e garantiu a ela:

— Eu serei sua voz, e serei os ouvidos dele. Seja paciente.

Mais tarde, durante um curto recesso, a mãe confessou:

— Ele é culpado, mas isso não faz diferença. Eu não vou abandoná-lo.

E, dirigindo-se a mim, disse:

— Eu compreendo quem é você; você é a guia dele. Eu não sei muito sobre essa coisa de carma de que tanto ouço falar, e agora não me importo. Farei qualquer coisa para ajudar.

Eu só pude sorrir e ouvir enquanto ela continuava:

— Eu não tenho seu conhecimento, luz ou desenvolvimento. Tudo que posso oferecer é o amor de uma mãe, e isso é o que vou fazer.

Não havia nada que eu pudesse dizer, exceto garantir a ela novamente que nós faríamos o melhor possível. Quando Harry e eu estávamos na rua, eu disse a ele:

— Este é apenas o início. A segunda parte da missão está para começar.

— Eu sei. Agora nós vamos ter com Tom — respondeu calmamente.

Fiquei surpresa. Não tinha idéia de como Harry era sensitivo!

O médium, ouvindo meus pensamentos, brincou:

— Ei, Bob não iria mandar você me procurar se eu não fosse capaz. Eu me sintonizei com Tom através de você e da mãe dele. Ela está sempre por perto, perguntando quando nós vamos estar com ele. E, apesar de ele estar no seu lado da vida, muito dele ainda é parte da Terra.

O médium explicou que Tom estava mais apegado ao mundo físico do que eu podia imaginar.

— Você acha que o tem em uma espécie de sono profundo e suspenso. Você está errada, e eu devo avisar: há uma boa chance de o perdermos. Ele está obcecado e temos de trabalhar rapidamente.

Eu me detive em cada palavra dita pelo médium.

— Eu tive uma idéia — prosseguiu Harry. — Vamos até a casa.

Eu imediatamente soube de que casa ele estava falando.

Harry acenou para um táxi que o levaria à alameda no subúrbio de Houston. Mas eu decidi não ir com ele.

— Quando chegar, pense em mim e eu estarei lá — disse a ele. — Agora eu vou aonde outra mãe ampara outro filho que também está em sérios problemas.

Assim que o táxi encostou no meio-fio, Harry se despediu e me pediu para dizer um alô para Ian.

— Esse cara é dos bons — foi tudo que pude pensar.

14

Outro lugar, outra mãe, outro filho

Tempo e espaço não significam nada para os espíritos. Tente esse exercício simples e vai entender o que eu digo.

Neste momento, você está lendo este livro em um lugar e um tempo específico. Você mede o tempo com um relógio e o lugar onde está é uma dimensão de espaço. Dê uma olhada na hora e note o espaço ao seu redor.

Agora, pense sobre algo em sua vida, não importa se aconteceu há cinco, dez, quinze ou vinte anos atrás, porque quando você pensa sobre o evento, você está lá. Sua mente foi instantaneamente a outro lugar e a outro tempo quando você reviveu alguma coisa que aconteceu há anos, meses ou dias atrás.

Seu corpo físico ficou imóvel, mas seus pensamentos o levaram para outro lugar e tempo.

Agora imagine que você não tem um corpo físico, você é livre.

Você agora tem uma pequena compreensão sobre por que o tempo e o espaço não contam muito deste lado: não há corpo físico para segurá-lo. Um espírito é livre para construir seu próprio espaço, tempo e até mesmo realidade.

Há um porém nisso tudo: sua liberdade depende de sua vibração. Se seu espírito não está pronto para viver no plano de existência mais desenvolvido e mais alto, ele não pode ir até lá; as vibrações não combinam.

E aqui vai um alerta: desde que você agora é livre para fazer sua própria realidade com pensamentos, seja cuidadoso com o que pensa.

Harry foi de táxi até seu destino no mundo físico. Eu usei as vibrações de meu pensamento para me levar de pronto ao meu destino no mundo astral. Eu pensei, logo fui.

Eu me encontrava no quarto de hospital, no interior do grande círculo de vidro. Tudo estava exatamente igual a quando eu saí: o zumbido das vibrações púrpuras da cura e as flores no jardim ainda banhavam esta ala com seu aroma suave e límpido.

Tudo estava como antes, exceto Tom. Apesar de ainda estar dentro do túnel de luzes girando, há uma mudança dramática em sua aura.

O Dr. Ian franziu as sobrancelhas enquanto monitorava essas mudanças, e uma preocupada Helen Phillips aguarda ao lado do médico.

Eu vi a razão da preocupação deles: as cores da aura deste espírito nos demonstravam que a revolta e a raiva estavam literalmente comendo-o vivo, consumindo toda a energia de Tom. Não havia muito a ser feito, e tanto Ian quanto eu sabíamos o que aconteceria a seguir.

O espírito de Tom logo acordaria e começaria, sem as restrições de um corpo físico, a criar uma realidade baseada em pensamentos.

Seu espírito estava revoltado, sua realidade refletiria a revolta.

Seu ser estava todo consumido pelo desejo de vingança. Sua realidade iria buscar vingança.

Suas vibrações estavam cheias de ódio. Ele iria chafurdar no ódio.

Ele criaria um tempo e espaço afinado com as vibrações da revolta, ódio e vingança. Eu sabia aonde aquelas vibrações o levariam. Ian também. Como Tom não entendia que estava "morto", seu referencial seria o mundo físico. Por meio de seus próprios pensamentos ele poderia se tornar um prisioneiro da escuridão. Seu referencial de espaço seria o quarto no andar de cima de uma casinha branca em uma alameda de um bairro calmo de Houston. Suas vibrações o levariam para lá.

Seu referencial de tempo seria um relógio digital, contando os últimos vinte minutos de sua vida na Terra. Ele criaria uma realidade onde sua família não existia; ele sabia que elas estavam mortas. Como ele não reconhecia a verdade de sua própria existência, como poderia aceitar o fato de que sua esposa e filha também viviam? Apesar do fato de que as duas eram espíritos, assim como ele, ele não era capaz de ouvir, ver ou mesmo sentir suas presenças. O que eu mais temia estava prestes a acontecer: Tom se tornaria prisioneiro de si mesmo.

— Não podemos fazer nada? — implorava sua mãe. A mulher alta e elegante estava desencarnada por quase dez anos terrestres e, como a maioria das mães, acompanhou a vida do filho na Terra.

Ela tinha aprendido muito por aqui e não guardava rancor pelo assassino. Helen entendia que, na Terra, circunstâncias não são apenas circunstâncias; cada evento tem seu próprio e singular significado no tempo e espaço da esfera terrestre.

A mãe não queria seu filho vivendo aquele tempo e espaço repetida e infinitamente. Ela, como nós, queria que ele avançasse. E ela o queria livre do passado, para que assim pudesse se reunir a ela no presente.

Tão logo sua realidade fossem os últimos vinte minutos de sua vida na Terra, Tom não entenderia que sua mãe, esposa e filha estavam todas vivas, assim como ele, no mundo espiritual.

Eu pensei bastante e seriamente sobre a pergunta de Helen.

— Podemos e não podemos — respondi, mas imediatamente acrescentei que não tinha a intenção de lhe dar uma charada como resposta. — Não podemos mudar suas emoções. E, agora, essas emoções estão no controle. Elas comandam seus pensamentos e criam suas vibrações, que por sua vez moldam sua realidade. Não há muito que possamos fazer sobre isso — lamentei.

A mãe suspirou e lembrou-se de sua própria passagem:

— Quando morri, esperava pelo que fui ensinada na escola dominical: pastagens verdes, árvores grandes e bonitas, Jesus e nuvens brancas onduladas.

Tristemente, ela disse que seu filho não teria aquela ilusão para confortá-lo. Ela sabia que seu filho estava preso em seu próprio desespero.

— Se pelo menos eu não tivesse sido tão rígida, talvez ele estivesse mais aberto às possibilidades ao seu redor — considerou.

— Você pode ajudá-lo afastando-se dele — disse-lhe secamente.

Nem Helen nem Ian puderam acreditar no que ouviram. Eles me encararam esperando por uma explicação.

— Deixe-o sozinho. Não tente interferir. Deixe sua realidade levá-lo aonde quer que ela o leve. Se for de volta ao plano terrestre, que seja. Se for de volta para reviver sua raiva, medo e humilhação, deixe estar. Se ele quer vingança, deixe que ele tenha sua revanche.

Ian protestou:

— Isso é ridículo. Nós estamos aqui para curar este espírito. Como ele pode progredir se está atado justamente a essas vibrações de revolta e ódio que o trouxeram aqui?

Ian estava furioso, e até insinuou que eu não estava à altura do trabalho.

A mãe me criticou severamente:

— Você vai ajudar o assassino dele — esbravejou. — Por que não vai ajudar Tom? Afinal, ele é a vítima — acrescentou, rudemente.

Aquela não era a hora de explicar que não existem vítimas, apenas lições. Ela não iria ouvir se eu dissesse que não existem certos ou errados, apenas circunstâncias e o que nós aprendemos com elas. Minha responsabilidade era ajudar Tom, mesmo que para ajudá-lo eu tivesse de deixá-lo sofrer e chafurdar em suas emoções.

O campo da aura que envolvia seu espírito mudou novamente, ele estava quase acordando. E, quando acordasse, eu sabia aonde ele estaria. Ele não iria, como em alguns filmes, abrir seus olhos para uma feliz reunião com sua mãe, sua esposa e filha. Não haveria um mentor paciente e enigmático ao seu lado revelando lentamente os mistérios da vida. O espírito de Tom acordaria em Houston, Texas.

Tentei descrever o que tinha em mente:

— Doutor, eu sei o que nós deveríamos fazer, e você sabe tanto quanto eu que existem muitas maneiras de fazê-lo. Agora mesmo, nós temos de fazer Tom entender que ele não é mais parte do plano terrestre, e a melhor maneira para que isso ocorra é deixar suas emoções o levarem de volta para lá.

Helen protestou:

— Suas emoções estão fora de controle, como você pode dizer uma coisa dessas?

— Exatamente. Elas estão fora de controle porque ele não está habituado a elas. Através de muitas vidas, este espírito fez de tudo para não ter de lidar com nenhum tipo de emoção. Mas bem lá no fundo ele sabe que tem de senti-las para aprender com elas. Seu filho, Helen, está prestes a aprender.

Eu disse a eles que a missão de um guia não é meramente ser bondoso ou simpático ao levar um espírito pela mão e dar-lhe um banho de amor.

— Um guia é atraído a um espírito para ajudá-lo a crescer e evoluir. Eu não estou aqui para compartilhar seu sofrimento, eu não sou responsável por ele. Eu não vou dizer para perdoar e esquecer, porque neste momento ele não pode perdoar e esquecer. Primeiro, ele tem de aprender com seu ódio sem se deixar controlar por este ódio e então ele tem de crescer a partir de sua revolta. Só então ele pode perdoar. Eu vou usar a mesma realidade que ele está criando para sua evolução. Você — disse, apontando para Ian — é o médico. Você é que deveria curar o espírito, não eu. Quando eu terminar o meu trabalho, você começa o seu.

Ian concordou silenciosamente. Ele sabia que não havia maneira de alcançar Tom naquele momento.

Então eu me voltei suavemente para Helen.

— Você foi conectada a esse espírito em várias vidas. Você está aqui para amar, tomar conta e apoiar. Mas só depois que ele queimar sua raiva e aprender com seu ódio é que poderá compreender o que você tem para lhe dar.

Mais uma vez, falei enfaticamente para os dois.

— Eu sei por que estou aqui. Estou certa de que posso ajudar. É por isso que digo para se afastarem dele mas deixarem que ele venha até mim. Não para amá-lo, não é esse o meu trabalho. Não para curar feridas astrais, não é esse o meu trabalho. Deixem-no livre para crescer e aprender, porque este é o meu trabalho, e eu juro — olhei solenemente para Helen —, vou dar o melhor de mim.

A mãe concordou, relutantemente. Imediatamente tomei meu rumo para a casinha branca em Houston.

15

Alguns mitos perigosos

Podemos nós alcançar um nível de desenvolvimento e então, por causa de nosso comportamento, retroceder na evolução que tivemos?

A resposta é não.

Não pode haver regressão, apenas progressão, porque o conhecimento e desenvolvimento que colhemos durante nossas muitas vidas são sempre parte de nós.

Uma criança que aprendeu a andar e falar, se não for aleijada por uma doença, sempre vai saber como andar ou falar. Além disso, o que a criança adquiriu enquanto andava e falava se transforma em tijolos na construção de seu desenvolvimento.

O mesmo acontece com o espírito. Mas, assim como o corpo físico, um espírito pode ficar incapacitado, preso a um momento ou emoção, "aleijado" em seu desenvolvimento.

Tom estava perigosamente próximo de se tornar um aleijado espiritual, paralisado no tempo e espaço de seus últimos vinte minutos no plano terrestre. Mas, como sempre, "há tempo e razão para todo propósito debaixo do céu".

Eu planejava usar esse "tempo e razão" para ajudá-lo.

O espírito de Tom, em suas encarnações, evitou deliberadamente os sentimentos porque em uma de suas vidas passadas ele havia sofrido uma grande dor emocional. Naquela encarnação o espírito amou louca e apaixonadamente, rendendo-se a todo desejo, ilusão e fantasia da vibração do amor.

No entanto, o amor não foi correspondido. A rejeição foi tão profunda, a dor tão insuportável e a humilhação tão grande, que o espírito fez de tudo para evitar sentir novamente a dor do envolvimento emocional. Ele conseguiu, tanto que os sentimentos do espírito atrofiaram-se como um músculo não usado. O espírito de Tom aleijou a si mesmo congelando sua evolução emocional.

O espírito compensou, como faz um cego, desenvolvendo outras partes de seu ser. Em sucessivas encarnações, o espírito conhecido como Tom aguçou suas habilidades analíticas e racionais, sempre escolhendo o intelecto ao invés dos sentimentos. Mas emoções não podem ser ignoradas, porque são parte de nós. Existe um perigoso mito sobre evolução espiritual. Por ser algo conveniente para ele, Tom se deixou levar por esse mito. Este espírito, entre encarnações, se recusava até mesmo a ouvir os conselhos de seus guias porque pensava que eles estavam errados. Tom se apegou à idéia de que evolução espiritual significa eliminação de emoções. Esse espírito acreditava que o caminho para a espiritualidade estava no estreito corredor da lógica, ordem e razão. Sendo assim, ele viveu cada uma de suas encarnações de acordo com esse mito, escolhendo parentes, ambientes e personalidades que refletiam essa crença.

Claro, Tom estava errado. Nós existimos para desenvolver todas as nossas mais diferentes características. Mas, como sempre, um espírito é livre para escolher seu próprio caminho. Porém as intenções de Tom não eram enraizadas no desejo profundo pelo progresso espiritual. Suas escolhas eram plantadas no medo de ser magoado novamente, e são as intenções por trás de nossas ações que determinam nosso carma.

Conseqüentemente, o carma o trouxe aonde ele estava agora: um espírito que não podia lidar com as emoções explodindo dentro dele e cujas preciosas lógica e razão eram incapazes de decifrar por que sua família tinha sido destruída por um ato de violência sem motivo.

— Por quê, por quê, por quê? — perguntava o espírito incessantemente. — Onde está a razão? Onde está a lógica?

Aquelas questões logo trariam Tom de volta para a pequena casa branca em Houston, a mesma casa aonde Harry tinha chegado pela porta da frente.

Eu esperei enquanto ele subia o curto lance de escadas até o quarto no segundo andar. Tudo que ele pôde dizer, quando abriu a porta e me viu, foi:

— Então foi aqui que aconteceu...

— Eu estava aqui — informei. — A cama estava bem ali — indiquei o meio do quarto. — A cabeceira contra a parede. A propósito, como você entrou?

O médium riu.

— Há uma grande placa de VENDE-SE lá na frente. Os corretores são preguiçosos. Eles não gostam de carregar um monte de chaves toda vez que saem do escritório, então as escondem num lugar qualquer da propriedade. Eu achei estas — ele sacudiu as chaves no ar — embaixo do capacho na entrada dos fundos.

Harry me viu olhando para uma pequena sacola de comida e uma garrafa térmica que trazia com ele.

— Ele está vindo, não está? — disse o médium. — Acho que pode ser um longo dia. Você pode viver de ar, mas eu preciso de algo mais substancioso — provocou ele.

Contei a Harry sobre o hospital espiritual e coloquei-o a par do que estava acontecendo.

— Tom está começando a acordar. Ele não está bem. Eu não tenho dúvida de que está vindo para cá. Aliás, estou contando com isso.

O médium assentiu, dizendo que podia sentir as vibrações mudando no quarto.

— Esse espírito não sabe que está morto — expliquei. — Tom não tem a menor idéia do que aconteceu, e suas emoções estão criando sua realidade. Ele não tem esperança. Tom sabe que sua mulher e filha estão mortas, mas nem imagina que elas e ele ainda vivem. Entretanto, acho que podemos usar isso a nosso favor. Eu tive uma idéia.

O médium era todo ouvidos.

— Na realidade dele, eu não existo. Afinal, ele ainda acha que está na Terra. Mas — fiz uma pausa e olhei para Harry — você existe. Eu não posso ajudá-lo agora. Só você pode.

Harry ironizou:

— Já sabia disso. Por que você acha que trouxe sanduíches e café? Este pode ser um longo dia.

O médium examinou o quarto e riu.

— Afinal, se Tom assombrar esta casa, o valor imobiliário por aqui vai estar em queda livre. É meu dever cívico impedir isso — brincou.

Eu ri. O humor negro do médium começava a me conquistar, mas acrescentei seriamente:

— Você tem de saber de tudo que eu sei sobre esse espírito e vai ter de aprender rápido.

Harry sinalizou para que eu continuasse.

— Já ouviu falar de revisões de vida? — perguntei.

O médium respondeu que havia lido a respeito:

— É quando um espírito, passando da Terra ao plano astral, recapitula sua mais recente encarnação com seu guia.

Harry foi além e disse que a maioria das religiões da Terra falavam sobre essa revisão.

— As religiões orientais dizem que há um arquivo ashkiatic, uma vibração onde todos os nosso pensamentos e ações são mantidos. Os cristãos dizem que há um livro onde todos os nossos feitos são escritos por um anjo e no dia do julgamento final você será chamado para prestar contas.

Eu disse a Harry que queria recapitular todas as encarnações de Tom com ele.

— Como eu disse, você tem de conhecê-lo.

O médium olhou ao redor no quarto vazio: o tapete onde o sangue de Tom havia se misturado com sua urina já não estava ali. Ao invés disso, havia o assoalho nu e envernizado.

A cama onde Jessica morreu em uma poça de seu próprio sangue havia sumido, assim como os criados-mudos que a ladeavam.

O médium respirou profundamente e, quando falou, sua voz era quase um sussurro:

— Tanta dor, tanta revolta, tanto medo. Preenche todo o quarto. Sinto a arrogância de David enquanto ele provoca e brinca com Tom. Sinto o frio que não é frio mandando arrepios por todo o meu corpo. Eu sinto o enorme vazio prendendo meu estômago e o nada sufocante envolvendo minha alma.

Só pude acenar. Eu não estava apegada aos sentidos físicos como Harry estava, mas ainda sentia as vibrações que Harry descreveu.

Apressei Harry para que fizesse uma rápida oração ao deus de sua própria fé. A oração, disse a ele, estabelece uma conexão ou uma vibração mais elevada, afastando-o da dor e pesar daquele quarto.

— Vamos trabalhar, meu amigo. Nós não temos muito tempo. Ele vai estar aqui logo logo — apressei.

O médium deu uma última olhada pelo quarto, respirou profundamente de novo e informou que estava pronto.

Era hora dos efeitos especiais. Achei que seria a maneira mais rápida de contar a história de Tom. Usei as faixas do arquivo ashkiatic, ao invés de simplesmente narrar os eventos, para que Harry se concentrasse em Tom.

Então o vídeo começou. Só que não eram as férias do último ano no Grand Canyon. Era um vídeo do espírito de Tom.

Cena 1: Encarnação 4. Ano de 1757. *Esta encarnação segue imediatamente aquela em que o espírito foi emocionalmente traumatizado. Ele escolheu seguir o caminho do desprendimento emocional.*

Um garoto de dez anos de idade senta, com as pernas cruzadas, em um pequeno tapete vermelho. Ele canta, meditando junto com quase trinta outros estudantes. Atrás deles estão centenas de candeeiros cintilando na escuridão. Um velho monge paciente assiste enquanto seus alunos aprendem a arte de olhar para dentro de si mesmos. O nome do garoto é Kim Ronchie. Ele vive neste mosteiro tibetano desde que tinha seis anos, quando seus pais o deixaram nos degraus da grande entrada.

O espírito escolheu essa encarnação porque estava decidido que sentimentos e emoções são impuros. Assim, escolheu uma encarnação na qual pensou que suas crenças seriam apoiadas.

No entanto, o espírito interpretou mal a doutrina de Buda. Este mestre da luz nunca ensinou ninguém a renunciar ou suprimir emoções. Buda pregava o abandono do ego, orgulho e vaidade. Essas não são emoções, são aspectos da personalidade terrestre.

Contudo, o espírito que agora conhecemos como Tom acreditava naquilo que queria acreditar. Assim, ele tomou uma vida circunspecta, protegida atrás das paredes do grande mosteiro de Lhasa e reprimindo totalmente suas emoções.

Mas ele não se desfez do orgulho ou ego. Ele se sentia superior, achando que estava controlando suas emoções. Porém, na realidade, tudo que fazia era se fechar para o mundo ao seu redor. Ele se sentia seguro atrás dos muros do mosteiro.

Quando Kim morreu, retornando para a vida em espírito, ficou surpreso ao ouvir seu guia aconselhando que, depois de passar uma vida inteira meditando em reclusão, ele deveria trabalhar no desenvolvimento da parte de si mesmo que ele mais temia: sentimentos.

— Eles são parte de você. Você deveria aprender como lidar e aprender com eles.

O espírito, lembrando seletivamente do que havia aprendido no mosteiro, achou que seu guia estava errado. Ele até pensou que o guia estava numa vibração inferior à dele. Tom desprezou arrogantemente o conselho e se lançou à Terra para outra encarnação.

Cena 2. Encarnação 5. Ano de 1825.

Tom, ainda convencido de que estava no caminho certeiro para o nirvana, a evolução espiritual e a liberdade, encarnou em Estocolmo, Suécia, um país que não é conhecido por suas fortes vibrações emocionais. O espírito é um professor de biologia num colégio e pai de dois garotos. Ele é rígido: ensina aos filhos o estrito código calvinista da austeridade, puritanismo e controle das emoções individuais.

Passei um clipe para Harry, em que o espírito fala para o filho mais velho e mais rebelde:

— Você nunca vai ser nada se deixar o que está dentro de você o dominar. Satã, você deve lembrar, está sempre na sua garganta. Não lhe dê a chance de apertar ou ele vai ganhar a batalha!

Nova cena, mesma encarnação, algumas semanas depois.

Mais uma vez, pai e filho, mas agora eles não estão falando. O pai tem seu garoto de dezesseis anos encolhido num canto, batendo nele com seu cinto. O que ele fez: chorou porque o cachorro da família morreu.

— Você ficou emocionalmente apegado a esse animal — o

pai pontuava cada sentença com os golpes de seu cinto — e agora está sofrendo. Talvez a dor física vai lembrar você como trai a si mesmo ao deixar emoções controlarem sua vida. Seja forte, não permita que seus sentimentos o dominem.

Harry se curvava enquanto assistia, não apenas por causa da ignorância de Tom, mas porque começava a entender o grande drama cármico que estava envolvido.

— Não vai ser fácil, Maryanne. Há muito mais nisso do que eu pensei — alertou.

— Ainda tem mais — avisei. — Continue assistindo ao show.

Cena 3. Encarnação 6. Ano de 1910. *Esta é a encarnação do espírito imediatamente anterior à mais recente.*

Um homem e uma mulher estão casados há vinte anos. É um casamento sem amor e sem filhos. A mulher, fugindo de seus próprios pais opressores, casou-se com um rico fazendeiro irlandês. Ele é o maior proprietário de terras em uma pequena vila.

O fazendeiro é também um homem bruto e ignorante, que trata sua esposa tal como os animais que cria. Tom é a esposa, que acorda antes do amanhecer e trabalha até tarde da noite, mantendo a casa para seu marido. Esta é a vida que o espírito mais uma vez escolheu para si mesmo: desprovida de emoções, amor e prazer, porque o espírito ainda acha que esse é o caminho para o progresso espiritual.

Contudo, quando se desencarna desta vez, o senso de lógica mais desenvolvido do espírito lhe mostra que algo está errado. Durante a revisão de vida de sua encarnação irlandesa, o espírito fala a seu guia que "as coisas não pareciam estar funcionando".

O guia, sorrindo para si mesmo, perguntou ao espírito o que aquilo significava.

Um preocupado ser prestes a se tornar Tom explicou:

— Logicamente, eu deveria ter acabado com esse negócio de purificação. Levei minhas três vidas terrestres passadas em situações onde deliberadamente me privei de emoções. Primeiro como um budista, depois um professor e uma mulher que tinha uma vida solitária com um homem frio e ignorante. Racionalmente falando, eu deveria estar em um ponto onde estaria limpo de todos os meus sentimentos, mas, por alguma razão, isso não está funcionando.

— E por que isso? — provocou o guia.

— É bem simples. Eu ainda estou preso à Terra. Eu não acho que estou fazendo progresso algum.

O guia sorriu e respondeu pacientemente.

— Nós estamos sempre fazendo progressos. Como um budista, você aprendeu sobre o desapego ao ego e ao orgulho próprio. Não era bem o que você queria aprender, mas um pouco disso acabou se destacando. Na sua vida seguinte você foi um professor, onde se dava aos outros. Finalmente, nesta última encarnação, você viveu a vida que sempre quis: sem amor, sem emoção, nada. E agora você sabe o quão vazio você está.

O guia desafiava o espírito a entender por si próprio:

— Use o senso analítico que desenvolveu tão bem.

O espírito admitiu que talvez estivesse errado.

— A Terra é uma esfera emocional, eu sei disso. Talvez eu esteja sempre sendo levado de volta porque eu ainda tenho muito que aprender sobre emoções.

O guia foi um passo adiante:

— Não apenas aprender, mas lidar com elas. Elas são e sempre serão parte de você.

O guia disse que gostaria de falar sobre Jesus, mostrando esse espírito encarnado na Terra como um exemplo para espíritos terrestres.

— Jesus era emoção e intelecto. Ele foi à esfera terrestre para ensinar o amor; não o prazer carnal, mas o amor. Ele encarnou para ensinar a caridade, mas ele também mostrou revolta. Não chorou diante da hipocrisia e da injustiça? Alguns dizem que Ele era um revolucionário radical, mas Ele usou sua raiva para acordar a consciência humana.

Harry, que até aquele momento assistia à minha sessão de cinema especial silenciosamente, enquanto sorvia um gole do café de sua garrafa térmica, disse:

— Uma coisa eu posso dizer: com certeza estou aprendendo muito com isso tudo.

Assenti e disse a ele que mais estava por vir.

O guia mostrou ao espírito chamado Tom uma caixa:

— Vamos fingir que esta grande caixa é seu espírito. Dentro dela, existem pequenas caixas e cada uma delas guarda uma emoção. Um espírito, através de suas encarnações, vive com todas essas caixas dentro da caixa maior: amor, ódio, ciúme, revolta, felicidade e tristeza. E, a cada vez, as caixas menores são modificadas e transformadas. E, assim como as caixinhas menores mudam, o mesmo ocorre com a maior. De repente, a caixa grande se liberta das menores de que já não precisa. Mas antes de uma caixa poder ser descartada, ela precisa ser transformada, e para ser transformada precisa ser usada.

O guia disse suavemente a seu pupilo:

— Nosso Criador espera que nós aprendamos com essas caixas menores. Talvez seja a hora de você começar a abri-las.

Agora chegamos à encarnação sete, onde Tom se tornou Tom e pela primeira vez, em um longo tempo, começou a abrir aquelas caixas.

Elizabeth veio para ajudá-lo. Assim como Jessica. Elas estavam em uma missão com Tom, para trazer a ele amor, carinho, compreensão e bondade.

Elas tiveram sucesso: Tom as amou mais que sua própria vida.

Elas tiveram sucesso: Tom se libertou de sua redoma de autoconfiança, independência e lógica racional. Ele estava começando a sentir.

— Que ironia — apontou Harry. — Logo quando ele estava começando a lidar com sua parte amorosa e carinhosa, ele tinha de ser morto.

— Não é ironia, é o carma. Mas — acrescentei rindo — quem disse que o carma não é irônico?

Nós encerramos nosso papo. O filme tinha acabado e uma nova sessão estava para começar.

Tom estava a caminho.

16

Uma questão de vida ou morte

Na Terra, a mente é uma ferramenta do corpo físico. Ela forma pensamentos, e esses pensamentos são colocados em prática pelo corpo físico. No plano astral, no entanto, não há mente ou corpo físico para deixar as coisas mais lentas, e os pensamentos se tornam realidade. O espírito de Tom estava tecendo rapidamente sua própria realidade: um mundo construído naquilo que aquele espírito julgava ser verdade.

Tom não sabia que estava fisicamente morto. Ele não estava pronto para aceitar o fato de que foi morto em seu quarto mais de sete meses atrás.

Tom queria vingança, e sua revolta o fez prisioneiro do que ele pensava ser a vida.

Como seu guia de chegada, decidi deixar seu drama se desenrolar porque, infelizmente, era esse o seu lugar: preso no tempo e espaço da Terra. Por experiência pessoal, eu sabia que não havia como fazê-lo desistir da assombração, por assim dizer.

Eu também sabia que não faria bem algum deixar que ele me visse. Eu era parte da quarta dimensão, e Tom estava amarrado à terceira. Eu não existia na sua realidade.

Mas eu tinha uma arma secreta: Harry. Agora mesmo, minha arma secreta estava sentada no chão no meio do quarto comendo um sanduíche de salame.

— Tenho de comer, Maryanne — disse, e brincou perguntando se eu queria dar uma mordida.

— Não mesmo, mas talvez Tom queira — retruquei. — Ele está a caminho.

O médium assentiu e, ao engolir o que estava na boca, disse:

— Posso senti-lo. Há um arrepio gelado subindo e descendo na minha espinha. Sempre sinto isso quando um de vocês está por perto.

Esta era uma boa hora para preparar Harry para o que ele iria enfrentar. Eu estava certa de que ele nunca havia passado por nada similar ao que estava para ver. Harry, entre uma mordida e outra, disse-me que estava pronto.

— Quando uma pessoa morre, seu espírito deixa o corpo físico — comecei, mas Harry me interrompeu perguntando:

— O que é isso? "Espiritismo para Principiantes"?

Pedi a ele que tivesse paciência, afinal, tinha de começar de algum lugar.

— Mas esta separação é diferente para todo e cada espírito. Por exemplo, alguém que já pensou ou leu sobre a vida depois da morte vai ter um tipo diferente de passagem que outro que não tenha a menor idéia do que esperar.

— Tom foi pego de surpresa — interveio Harry.

Eu assenti e continuei a construir meu argumento:

— Na maioria das vezes, um espírito descansa, mas a duração de seu sono varia. Não há regras, todos nós somos diferentes. Um espírito evoluído se adapta rapidamente, percebendo que não é parte dos problemas que deixou para trás. Um espírito menos desenvolvido se agarra ao seu corpo material, seus desejos e prazeres. Ele leva mais tempo para se ajustar.

— Quanto mais desenvolvido o espírito, mais rápido ele vai querer seguir com sua vida; o menos evoluído agarra, segura e não larga seu passado — resumiu Harry. E, depois de comer mais um pedaço de salame, continuou: — Do modo como vejo isso, o seu lado não é muito diferente do lado de cá. Percebi já há muito tempo, quando eu ainda prestava atenção em vocês. Vocês têm gente ruim aí, assim como nós aqui. Eu tenho visto alguns deles, que me assustam bastante, mas — ele deu uma piscadela — isso os ruins do lado de cá também fazem.

O médium me encarou com um olhar parado e arriscou:

— Eu poderia apostar que existem uns do seu lado que estariam melhor na Terra. Eles sentem falta da ação, da excitação, e, que coisa, devem sentir falta de sexo, também.

— Sim, existem uns que preferem a vibração da Terra. Eles se deixam levar pelo cenário — concordei.

— Eu mesmo me sinto bem cheio da Terra — ele admitiu. — Estou cheio da ansiedade, pressão, dor e ciúme. Estou cheio disso tudo nos outros, mas mais cheio ainda disso tudo em mim.

Eu disse a Harry que este era um dos primeiros sinais de seu crescimento espiritual: o anseio por uma vibração melhor e um cansaço das coisas como elas são.

Percebi que esta era a primeira conversa particular que tinha com Harry, e ele continuava a me fascinar. Ele estava se revelando mais complexo e inteligente do que eu achei no início e, enquanto as coisas aconteciam, fiquei convencida de que não seria capaz de fazer esse trabalho sem ele.

Mas nós tínhamos de ir em frente. O tempo estava acabando, então eu voltei a conversa para Tom.

— Não saber que está morto é a parte mais fácil, mas com os ingredientes extras como o estupro e assassinato de sua esposa e filha, temos um espírito que não está só desorientado, temos um que está fervendo em revolta.

O médium disse que ele sabia que Tom não era um mau espírito:

— Ele é apenas um pobre-diabo que perdeu o rumo. Ele é como eu: fazendo o melhor possível para passar o dia.

Eu estava curioso para ver aonde Harry queria chegar, então não o interrompi e ele continuou:

— Sei o que há de errado com esse cara. Além de estar preso a todo esse negócio de apego que você me falou, tem algo mais acontecendo. O cara está com medo. Ele é como oitenta por cento das pessoas vivendo neste planeta. Ele está descontroladamente apavorado. Está envolvido em seu medo e confortável em sua fúria. A maioria de nós também, porque não sabemos o que vai acontecer se deixarmos o barco seguir.

Havia muita verdade no que Harry dizia, e eu lhe falei isso.

— Eu vejo isso o tempo todo — lamentei. — Espíritos morrem e estão simplesmente com medo de seguir em frente. É por isso que a evolução espiritual leva tanto tempo. Os espíritos insistem em encarar apenas o óbvio. As mais baixas vibrações são fáceis de ver e abraçar. As mais altas são sutis. Algumas pessoas têm a coragem de chamar as mais altas de esotéricas ou místicas. Algumas vezes, acho, os espíritos têm medo de amar.

— Assim como Tom — Harry foi ao encontro do meu raciocínio.

— É, assim como Tom — concordei.

— Então, quando ele finalmente se abre para o amor e se apaixona, sua esposa e filhinha são brutalmente tiradas dele — sentenciou Harry, calmamente. — Agora você me diz, Maryanne, do seu ponto de vista universal: você também não se sentiria mais confortável com a dor, revolta e ódio? Onde está a justiça?

Eu tinha de pensar no que responder. Tinha de explicar a perspectiva universal para Harry. Ele merecia isso e, cá entre nós, ao explicar para ele talvez eu também a entendesse melhor.

— Meu amigo, justiça é apenas uma palavra. O que existe são conseqüências de nossas atitudes. Você viu o resumo da vida de Tom. O que você achou?

Harry sorriu, balançou a cabeça e respondeu:

— Eu vi um sujeito, um pobre-diabo como eu, que se deu mal com o amor e estava com medo de senti-lo de novo. Nossa, existem milhões como ele circulando pela Terra.

Tive a sensação de que Harry estava brincando comigo. Ele sentado no chão, fazendo tranqüilamente seu piquenique, enquanto esperávamos pela chegada de Tom.

— E vão existir um milhão de diferentes e singulares conseqüências para aqueles milhões — retruquei. — Quando você vê as coisas daqui, você entende que o que aconteceu com Tom não era muito diferente de qualquer outro evento na vida. Tom não morreu, realmente; ele levou um tiro para que pudesse aprender. Jessica e Elizabeth não estão mortas. Elas vieram para a vida de Tom em missão. Elas tiveram sucesso e agora cabe a Tom entender que aquelas emoções são parte dele.

Eu fiz Harry lembrar da nossa sessão de cinema:

— Sabe a parte onde ele está punindo e humilhando o garoto?

— Sim.

— Você sentiu alguma coisa? Teve algum pressentimento?

O médium sorriu e assentiu:

— Claro que sim. E você acaba de me confirmá-lo. Eu estava certo, não estava?

Nós interrompemos nossa conversa. Tom estava quase chegando. Rapidamente perguntei como ele ia fazer para atrair a atenção de Tom.

— A primeira coisa a fazer é ajudá-lo a entender que não pertence mais a este mundo.

— Como você vai fazer isso? — eu estava curiosa.

Harry simplesmente sorriu e disse:

— Fique olhando. Eu acho que já sei como ajudar tanto Tom quanto David. Prometo, vou dar o melhor de mim.

Harry olhou o quarto ao seu redor enquanto ele se modificava lentamente. Apesar de lá fora estar uma tarde clara, ensolarada e quente, dentro do quarto a temperatura caiu e o quarto adquiriu vida própria.

O médium riu e disse:

— Acho que nós vamos ter de fazer um exorcismo. Você se lembra do ritual?

— Na verdade, não. Eu nunca nem vi um exorcismo — brinquei.

A cada minuto que passava, eu agradecia a Bob por ter me trazido Harry. Minhas reservas iniciais haviam desaparecido e eu entendi que ele era, como a maioria de nós, "apenas um pobre-diabo" tentando fazer o melhor que podia.

Tão rápido Harry fizesse Tom entender que ele não estava mais na Terra, mais depressa eu poderia começar a falar com ele. Parece fácil, certo? Bom, como diz o velho ditado, "falar é fácil."

À nossa volta, tanto Harry como eu vimos o cenário sendo montado. Harry estava maravilhado, e, para ser honesta, eu também estava. Quando Tom entrou, o quarto estava transformado. O carpete azul-escuro que havia sido arrancado do chão, estava de volta. Réplicas exatas da cama, guarda-roupa e criado-mudo apareceram.

E, sobre o criado-mudo, um relógio digital marcava meia-noite e seis.

Hollywood ficaria desapontada, porque não havia trovoadas

ou relâmpagos anunciando a chegada de Tom, mas Harry se maravilhou com o poder do pensamento. Tom, que podia ser chamado de um espírito perdido e errante, acabava de criar uma realidade que só existia em seus pensamentos.

O espírito de Tom olhou pelo cômodo. Ele estava muito diferente desde a última vez que o vi. Ele não descansou. Seus olhos (sim, ele se refez com todas as suas características físicas) percorreram todo o quarto e ele se "sentou" nervosamente em sua cama, esperando que alguma coisa acontecesse.

Eu, invisível aos sentidos de Tom, estava ao seu lado e esperei com ele.

Harry, o único espírito encarnado no quarto, calmamente fez para ele um outro sanduíche de salame.

— Não se preocupe, Maryanne — sussurrou suavemente. — Eu fui um barman nos últimos dois anos. Sei como esperar e ouvir quando bêbados vomitam seus problemas. Isso aqui vai ser moleza.

Então, olhando para Tom ele acrescentou:

— Pelo menos espero que seja.

17

Um sanduíche de salame

Estou fazendo o melhor que posso para deixar algumas idéias complicadas fáceis de entender. Então, novamente, tenho de dizer que o tempo é diferente para mim em relação a como é para você. Se eu descrevesse os eventos seguintes como eu os captei, você pensaria que eles aconteceram em uma questão de minutos. Garanto que não foi esse o caso.

Na minha dimensão, o que aconteceu no quarto em Houston levou o instante de uma batida do coração, mas para Harry pareceu uma eternidade quando Tom "sentou" na cama, olhando para a porta.

— Tom chegou por volta das três da tarde, mas não me notou até umas oito da noite — informou Harry.

Eu me lembro que Harry, além de sua sacola de comida, tinha com ele um bloco de notas e uma caneta.

— Para tomar notas e escrever uma carta — explicou.

Eu usei suas anotações para escrever este capítulo. Ele me leu a carta depois.

A noite estava caindo em Houston, e as luzes da rua do lado de fora da casa começavam a acender. Dentro estava escuro, exceto por um brilho avermelhado que preenchia o quarto. Era Tom. Seu espírito, possuído pela raiva, era a fonte de uma luz macabra enquanto sentava na cama fervendo em fúria.

Harry e eu vimos outros espíritos se aproximarem durante um tempo. Eles eram, como disse Harry, "os malvados". Na realidade, eles não são "malvados", são espíritos que, por suas próprias escolhas, não evoluíram, e, enciumados, também não querem ver nenhum outro evoluindo.

Eles podem e conseguem influenciar espíritos do lado de cá e também na Terra. Esses "espíritos sombrios" enganam, bajulam e mentem enquanto tentam e desviam outros para longe da luz. Como diz o velho ditado, "a miséria adora companhia", e os "malvados" estão sempre procurando engrossar suas fileiras. Eles estavam atraídos por Tom porque ele, com sua raiva e medo, estava aberto para a vibração deles. Era meu trabalho e de Harry levar Tom adiante antes que aqueles caras conseguissem confundi-lo.

Harry viu aqueles espíritos chegar e os descreveu como "lobos famintos rondando um acampamento, procurando por um ponto fraco". O médium decidiu que era hora de agir. Mais de cinco horas terrestres tinham se passado desde que Tom chegara.

Eu assisti a Harry andar até onde Tom estava "sentado". Eu sabia que Tom era capaz de ver Harry, e sabia que este espírito não via a mim ou aos espíritos sombrios.

— Quem diabos é você? — Tom, que falou com palavras e não com pensamentos, gritava.

— O nome é Harry Clark, e quem diabos é você? — gritou Harry de volta. Harry sabia que tinha de mostrar a Tom que não estava intimidado, e, realmente, ele não estava. Harry estava calmo e controlado. O médium tinha demonstrado uma paciência digna de nota, sentado por cinco horas no chão do quarto, comendo seus sanduíches, bebendo seu café e escrevendo.

— Sou o dono da casa, é quem eu sou. Cai fora daqui, não quero você aqui — o espírito respondeu.

Harry e eu podíamos ver as ondas negras e vermelhas da raiva envolvendo o espírito. Fria e igualmente, Harry respondeu:

— Está bom, senhor dono da casa, eu estou aqui para dar uma olhada. Afinal, há uma placa enorme de VENDE-SE no gramado aí na frente.

Tom riu e disse que Harry estava louco, aquela casa não estava à venda. O médium disse ao espírito para olhar pela janela:

— Impossível não ver a placa.

Alertei Harry para ir com calma; este era o único lugar onde Tom se sentia confortável agora. Nós não podíamos nos dar ao luxo de desorientá-lo. Harry estava tentando abrir fendas na realidade de Tom; eu só não queria que ele fosse tão depressa.

Harry balançou a cabeça, em sinal de confirmação, e disse:

— Lembre-se: eu era um barman. E — apontando para o círculo ao redor de Tom — não esqueça aqueles caras. Temos de manter nosso amigo longe dos lobos.

— Com quem está falando? — quis saber o espírito.

Harry respondeu dizendo que falava consigo mesmo:

— Faço isso desde que era criança. Minha mãe dizia que eu tinha muitos amigos imaginários — explicou em meias-verdades.

Novamente, Harry provocou o espírito para que olhasse pela janela para a placa de VENDE-SE:

— Como você pode ser o dono, se não sabe que está à venda? A menos que tenha acontecido alguma coisa que você não saiba.

Tom se recusou.

— Esta é minha casa, eu moro aqui. Caia fora.

Harry andou até a janela e perguntou a Tom se ele morava ali sozinho ou era casado.

— Sim, eu tenho uma esposa e uma filha.

O médium quis saber onde elas estavam.

— Isso não é da sua conta. Elas vão estar de volta logo, e não quero você aqui quando elas chegarem. Saia ou chamo a polícia.

O espírito negava o que sabia ser a verdade. Ambas estavam mortas. Mas se recusava a aceitar, assim como se recusava a aceitar a verdade de sua própria morte.

— Seu nome é Tom, certo? — perguntou Harry, a esmo. — Tom Phillips. Sua mulher é Elizabeth e sua filha de três anos se chama Jessica.

— Cidadão, eu não sei quem é você ou como você sabe tudo isso, mas eu estou avisando pela última vez: caia fora desta casa. Eu moro aqui e estou esperando que minha esposa e filha cheguem. Saia ou eu vou lhe dar porrada.

Harry ignorou a ameaça e perguntou:

— Já pensou se está no lugar errado? Talvez você não more aqui mesmo.

— Tirou as palavras da minha boca — o espírito respondeu, agora com a voz mais suave. — Você não devia estar aqui. Você não quer estar aqui. Saia enquanto ainda tem chance.

— Por que diz isso, Tom? O que está para acontecer?

O espírito finalmente saiu da cama onde estava sentado pelas últimas seis horas. Andou até a janela e olhou para baixo, para a rua tranqüila. Nada parecia fora do lugar, tudo estava com sempre esteve, mas ele finalmente notou a placa de VENDE-SE no gramado da frente. Voltando-se da janela, ele sorriu amavelmente para Harry:

— A placa está lá, mas eles nunca venderão esta casa. Não se eu tiver algo a dizer sobre isso. Agora, pela última vez, vá embora.

— Por quê? — insistiu Harry.

— Porque ele está vindo. E desta vez ele não vai escapar. Estou esperando o canalha que matou minha família. Vou esperar o quanto for preciso. Ele está vindo e eu vou estar aqui.

Os vultos chegaram mais perto de Tom.

— Não dê ouvidos a ele, mande-o ir embora. Ele quer enganar você — ecoaram as vozes no ouvido de Tom. — Ele é amigo do cara que matou sua família — recitavam os lobos famintos.

Harry os ouviu. Assim como eu. Não havia como eu chegar até Tom. Ele não estava aberto ao que eu tinha a dizer. O médium tinha de carregar o piano sozinho.

Alertei Harry:

— Eles estão ficando mais fortes e ousados. Seja cuidadoso ou vamos perdê-lo.

O médium fitou as sombras escuras competindo pela atenção de Tom. Tom não as via, ele apenas ouvia suas vozes dentro de si mesmo. Ele embaralhava aquelas vozes, da mesma forma como se faz na Terra, algumas vezes, com seus próprios pensamentos.

Mas Harry sabia a quem aquelas vozes pertenciam. Ele via e ouvia as sombras claramente.

— Por que vocês não vão achar alguma coisa melhor para fazer?! — gritou. — Vocês são um pé no saco. Deixem esse sujeito em paz. Ele não é de vocês. Eu não vou deixar isso acontecer.

Sem dar a Tom uma chance de pensar ou dizer qualquer coisa, ele se voltou para o espírito e exigiu uma resposta:

— Como você pode dizer que tem uma mulher e uma filha, e então, segundos depois, contar que elas foram assassinadas? O que é isso? Você tem uma família ou não?

Tom não sabia o que responder. O espírito se moveu pelo

quarto, andando da janela até a porta e então de volta para a janela, antes de parar e sentar na cama. Mas Harry não desistiu.

— O que é, então: mortas ou vivas? Você tem uma mulher e uma filha ou não tem uma mulher e uma filha? É uma pergunta simples. — Harry buscava incansavelmente uma resposta.

— Espero que isso funcione — torci de onde estava.

Harry queria que Tom se concentrasse nele e não nas vozes que o estavam obsedando.

Mas os obsessores estavam de volta:

— Isso não é da conta dele. Quem ele pensa que é? Ele sabe que elas estão mortas, é um amigo do assassino. Não dê ouvidos a ele, ouça a gente.

De novo as vozes vieram como se fossem do próprio Tom. E, mais uma vez, Harry tentou fazê-las parar:

— Eu não sou amigo do assassino, eu nem sequer o conheço —mentiu.

Ele me olhou e deu de ombros, como se dissesse: "Os fins justificam os meios". Eu concordei.

— Responda à minha pergunta — ele exigia. — Mortas ou vivas? Se eu fosse um amigo do assassino, como essas vozes idiotas dizem, eu saberia, não saberia? Seria lógico, não seria?

Isso ganhou a atenção de Tom. Como, imaginou ele, esse estranho sabia seus pensamentos? O espírito não sabia que os pensamentos não eram dele, eles eram plantados pelos vultos e ouvidos pelo médium.

— Eu não sei, não sei! — Tom soluçou e explodiu em lágrimas.

Era uma hora da manhã, dez horas haviam se passado desde que o espírito apareceu pela primeira vez no quarto, mas a batalha por aquela alma ficava feroz.

Eu estava preocupada com Harry. Afinal, ele era humano e estava acordado desde as seis da manhã. Ele captou meus pensamentos e me assegurou que agüentaria ali por quanto tempo fosse preciso. Mas, quanto tempo seria, nenhum de nós dois sabia. Tudo dependia de Harry. Ele era a ligação com Tom e era quem lutava com os espíritos sombrios que tentavam tomar o controle da situação.

Eu não podia fazer nada!

Não podia sequer alcançá-los para ajudar aqueles espíritos a achar uma saída da vibração das sombras. Eles só tinham de pedir e, num pensamento relâmpago, a ajuda estaria ali para guiá-los para longe do ódio e da revolta. Mas nem eu nem qualquer outro espírito de uma vibração mais alta pode fazer algo se um espírito não quer evoluir. Você pode ver isso no plano terrestre: um alcoólatra ou um viciado em drogas só pode ser ajudado se quiser ajuda, e isso só acontece depois que ele ou ela admitem que têm um problema. Os "lobos" saboreavam sua infelicidade e brindavam quando conseguiam trazer outros para o círculo da escuridão.

Harry não ia confortar o soluçante Tom. Ele sabia bem que devia deixar o espírito se render à sua tristeza e sofrimento. Os "lobos" lambiam os beiços nas sombras enquanto assistiam a Tom se despedaçar emocionalmente.

— Elas estão mortas e você sabe disso. — Harry confrontava o espírito que chorava. — Admita que sabe que é verdade.

— Pergunte a ele como ele sabe, pergunte a ele como ele sabe — sussurravam as sombras para Tom. Os lobos estavam usando uma artilharia bem pesada: dúvida, desconfiança e medo.

Nada paralisa um espírito como o medo, e uma boa forma de espalhar o medo é criar a desconfiança, plantando dúvidas criadas no íntimo do espírito sobre suas próprias observações e percepções da realidade.

Harry sabia disso e contra-atacou duramente, dizendo a Tom:

— Você não precisa de mim, ou — olhando desafiadoramente para os vultos — qualquer outro para lhe dizer o que você sabe e o que você viu. Você é cara bem esperto. Você esteve neste quarto, sabe o que aconteceu.

Xeque-mate! As vozes não podiam dizer a Tom que ele não esteve naquele quarto, pois as sombras queriam-no ali para chafurdar na infelicidade. Os obsessores precisavam abaixar a vibração de Tom fazendo-o apegar-se às emoções onde eles se lambuzavam. Só então ele se tornaria parte deles, preso naquele quarto e travado na sua vibração.

Xeque-mate! Harry apelou para a própria percepção, lógica

e razão de Tom. Ele sabia que isso, e não as emoções, eram o forte do espírito.

— Tom... responda com a verdade. — Harry tranqüilizava a triste alma sentada no canto da cama.

As vozes estava mudas. Elas não sabiam o que fazer.

— Elas estão mortas. Eu vi meu bebê levar um tiro bem aqui onde estou sentado. E o desgraçado que a matou se gabava de ter estuprado e assassinado minha esposa. E — o espírito fitou os olhos de Harry e chorou — eu não fiz nada.

As vozes voltaram, mais fortes do que nunca.

— Você não fez nada porque você é um covarde. Você mijou nas calças. Você o viu atirar em Jessica. Você ouviu quando ele se divertia com o fato de ter traçado sua mulher e você ter mijado nas calças. Diga a esse cara para calar a boca — aconselhavam eles, referindo-se a Harry. — Ele vai dizer que você é o responsável pela morte delas. Não se esqueça: ele é amigo do assassino. Ele sabia que elas estavam mortas.

Xeque-mate em Harry.

O médium calmamente andou até os espíritos sombrios. Ele falou em voz alta, porque, além de falar com eles, também estava falando com Tom:

— Eu sei quem e o que vocês são. Deixem-no em paz. Ele já sofreu o bastante. Como ele pode ter culpa? Ele não podia fazer nada. Como poderia ter reagido? — E, implorando a Tom, acrescentou: — Seja razoável, use seu cérebro. Use sua lógica.

Novamente, Harry estava empurrando Tom à razão, a pensar e escapar do redemoinho de emoções girando em sua alma.

— Você mijou nas calças, seu maricas — ecoavam as vozes.

Eu não acreditei no que aconteceu em seguida. Foi um golpe de mestre!

— E eu mijo em vocês — proclamou um desafiante Harry, enquanto abria o zíper da calça e literalmente urinava nos vultos.

— E agora, o que acham disso? — provocou. — Se vocês, idiotas, pensam que eu os estou levando a sério, estão enganados! Tom e eu temos mais o que fazer.

Tom também não podia crer em seus olhos, e, entre soluços, pudemos ouvi-lo rir:

— O que está fazendo, mijando na parede? Você vai ter de limpar isso aí.

Quando Harry fechou o zíper, ele se virou para Tom. Foi sua vez de dar risada:

— Eu queria mostrar a você como é fácil mijar. Foram umas cinco xícaras de café que eu espalhei na parede.

Já eram seis da manhã. Harry estava em pé por vinte e quatro horas. Os primeiros raios tímidos do amanhecer abriram passagem na escuridão, finalizando a longa noite.

O médium disse-me que estava bem:

— Posso agüentar outras vinte e quatro horas, se eu precisar.

Contrariando a tudo, os lobos ainda estavam no quarto, embora tivessem recuado um pouco. Tom ainda estava sentado na cama, balançando a cabeça diante da urina pingando na parede do quarto.

— Você é maluco — murmurou.

— Talvez eu seja — riu Harry.

Mas o médium havia, ao menos por enquanto, interrompido a queda em espiral de Tom rumo ao desespero. Ele havia feito Tom rir.

Harry olhou para mim e piscou. Ele tinha tido outra idéia.

— Ouça — ele falava com Tom — estivemos aqui por mais de doze horas. Aposto que você está com fome.

Harry apostava que Tom estava tão apegado à sua antiga forma física que ele sentiria fome.

— O que me diz de uma xícara de café e um sanduíche? Vou lhe preparar um.

Harry jogava com a chance de que Tom não saberia como "pegar o sanduíche" de sua dimensão. Leva um tempo até que os espíritos aprendam esse truque.

O médium, vendo Tom enquanto despejava o café e fazia o sanduíche, disse:

— Não sei como você foi assim tão longe sem comer. Provavelmente seja porque você está muito aborrecido.

Tom concordou com um aceno de cabeça.

Em uma mão Harry ofereceu o café e na outra ele segurava o sanduíche.

Tom levantou-se da cama, foi até Harry e tentou pegar o sanduíche.

Ele não podia.

Sua mão (lembre-se: Tom estava criando aquela realidade e ainda pensava que estava vivo) simplesmente passou através do sanduíche. Ele tentou de novo. Nada.

Ele foi para o café. Seus dedos estendidos não conseguiam agarrar a caneca.

— É um truque, é um truque — vaiaram as sombras, exaltadas. Elas não entendiam o que Harry estava fazendo. — Ele é um bruxo, ele é um bruxo — recitavam. — Não confie nele, é o próprio diabo — ecoou o coro.

Harry sorriu diante do confuso e aterrorizado Tom.

— Eu sabia que você não seria capaz de pegá-los — disse Harry. — Mas eu queria que você descobrisse por si mesmo. Não tenha medo, confie em mim.

Tom tornou-se desafiador:

— Por que eu deveria confiar em você? Eu nem mesmo o conheço. Talvez eu estivesse certo na primeira vez: você é um amigo do cara que matou Beth e Jessy.

Os vultos aplaudiram:

— Agora sim, não recue — zumbiam no ouvido de Tom.

Harry tomou fôlego. Era agora ou nunca. Ele havia levado Tom até o limite e sabia que aquele espírito poderia tomar qualquer caminho naquele momento. Ao menos Tom já não estava mais sentado na cama, em estado catatônico, olhos fixos na porta. O espírito estava começando a reagir à realidade que Harry lhe estava empurrando, e isso era bom.

— Aperte minha mão — disse Harry. — Vá em frente.

Tom tentou e, claro, não podia.

— Já viu um mágico fazer isso? Claro que não, porque não é mágica. Tem mais a ver com física.

Tom disse jocosamente:

— Eu sou PhD em matemática, então sei alguma coisa sobre física. E, colega, você vai ter de explicar isso.

O médium estava improvisando e estava entrando em um terreno desconhecido. Apesar de Harry ser um grande médium, ele certamente não sabia nada de matemática ou física. Ele olhou para mim, piscou e aspirou longa e profundamente antes de continuar.

— Dois corpos não podem ocupar o mesmo espaço, certo? — disse o médium.

Tom concordou cautelosamente. Como uma criança assistindo a um mágico tirar um coelho da cartola, ele estava tentando descobrir onde é que estava o truque.

— Sua mão, quando tentava pegar o sanduíche, entrou no espaço do sanduíche. Foi por isso que você não pôde mover o sanduíche: você e ele ocupam o mesmo espaço.

Tom assentiu e disse:

— Isso faz sentido, mas vai contra qualquer lei da física que já foi escrita.

— É um truque! Ele é esperto, esse diabo, seja cuidadoso — cantou o coro de sombras.

Tom esfregou o rosto, como se tentasse calar as vozes em sua cabeça. Sua atenção estava, naquele momento, concentrada em Harry.

— Então pense nisso — começou Harry, dramaticamente.

Tom não disse uma palavra. Acenou com a cabeça, ceticamente, e pediu que o médium continuasse.

— Eu e você estamos no mesmo lugar, mas em dimensões diferentes. Uma dimensão é a Terra, e a outra... bem, vamos chamar de espiritual.

Tom reagiu com desprezo:

— O que é isso, cara? Isso é uma grande besteira.

As sombras gritaram em júbilo:

— Nós dissemos que ele era um demônio. Seja cuidadoso com seus truques. Não confie nele, ele é astuto.

O médium ouviu os "lobos" e pediu a Tom para ter paciência:

— Vamos fazer isso passo a passo, em uma ordem lógica e racional — apelou.

Tom concordou rispidamente, acrescentando:

— Estou curioso sobre essa sua lógica.

Para ser honesta, eu também estava.

Harry andou vagarosamente pelo quarto, com cuidado para não "topar" com os móveis na "criação" de Tom.

— Eu posso pegar o sanduíche — declarou Harry, abaixando até o chão para pegá-lo. — Eu posso fazer isso porque minha mão não ocupa o mesmo espaço que o sanduíche. Eu posso agarrá-lo, segurá-lo e movê-lo.

Harry não ia explicar que espíritos, os quais dominam seus pensamentos, também poderiam fazer isso.

— Por que complicar as coisas para ele? — confidenciou mais tarde.

Harry juntou as mãos, esmagando o sanduíche.

— Dois corpos não podem ocupar o mesmo espaço. Mas você não pôde pegar o sanduíche ou apertar minha mão. Pode adivinhar por quê?

Tom, assumindo um ar de professor, disse:

— Há apenas uma resposta lógica e racional, se isso tudo não for um tipo de truque. Nós não estamos no mesmo espaço.

O médium sorriu, triunfante.

— Bom, nós podemos concluir isso, então. Você e o sanduíche estão em espaços diferentes. O que acha de usarmos a palavra dimensão no lugar de espaço, de qualquer modo?

Os obsessores badalaram:

— Ele é cheio de truques. Ele é de outra dimensão! Ele é do inferno! Olhe ao seu redor: tudo está como devia estar. Ele é quem não devia estar aqui. Ele é o próprio demônio.

— Sim — disse Tom, cauteloso. — Esta é minha casa e este é meu quarto. Nada mudou, exceto por você.

"Droga", pensei. "Harry está encurralado. Como é que ele vai sair dessa?"

— Você acha, hein? — respondeu-me ele, secretamente. — Veja isso — disse enquanto atravessava a cama e passava a mão através do criado-mudo.

— Truque barato — disparou Tom. — Tudo que isso prova é que você é quem está fora do lugar, não eu.

Os obsessores aplaudiram Tom.

Harry esboçou um sorriso e deu o golpe final.

— E o sanduíche?

Ele pegou Tom sem resposta. Ele não sabia o que dizer.

— Eu fiz o sanduíche, você viu por si mesmo. Aquele sanduíche pertence à minha dimensão e — ele fez uma pausa dramática— eu estou na Terra.

— Então onde raios eu estou? — perguntou Tom, furioso. — Marte?

— Ele mente, ele mente, ele mente — berraram as vozes. — Não ouça, não ouça.

Harry levantou suas mãos num sinal de irritação. Ele suspirou e disse em voz alta:

— Por que não manda esses caras calarem a boca? Eles estão me enchendo o saco.

— Também pode ouvi-los? — perguntou Tom, incrédulo.

Harry assentiu solenemente.

— Tom, você tem uma escolha a fazer, e apenas você pode fazê-la.

— Continue — disse Tom, asperamente.

Harry andou vagarosamente pelo quarto, um olho em Tom e o outro nas sombras negras circulando por perto, prontas, esperando e procurando por uma chance de atacar.

— Eu sei por que você está aqui. Você veio esperando que esta porta se abrisse, desejando e esperando por um homem entrar por ela. Estou certo?

— Como você sabia? — perguntou Tom serenamente.

— Depois eu explico isso, deixe-me concluir primeiro. Você está esperando pelo assassino de Elizabeth e Jessica, não está?

Mas Harry não esperou pela resposta de Tom e disse ao espírito que ninguém entraria por aquela porta:

— Ele não pode. É impossível. Ele está aqui na esfera terrestre. E, Tom, eu não sei nenhuma outra forma de dizer isso a você, mas você não está! Aquela noite, mais de sete meses atrás, ele estuprou e matou sua esposa. Então ele provocou e humilhou você. E, depois que ele atirou em sua garotinha, ele matou você. Você já não pertence mais a este lugar.

Antes que Tom pudesse pensar sobre o que ele disse, Harry apontou enfaticamente para os vultos que cobriam o canto do quarto.

— Aqueles caras ali — disse, com desdém — vão fazer qualquer coisa para fazer você acreditar que eles estão do seu lado. Eles querem que você veja o que você quer ver. Eles vão até fingir ser o homem que você está esperando, prendendo você em um jogo eterno de vingança. Você sabe por quê?

Mais uma vez, Harry não esperou por uma resposta.

— Porque eles têm inveja. Esta gangue, este grupo de espíritos baixos — Harry agora falava para eles — está com medo. Eles têm medo de abandonar o conforto de sua própria fúria e medo. Eles têm medo e preguiça do trabalho que terão para deixar essa vibração e evoluir. E eles querem você, Tom, para lhes fazer companhia.

Tom ouvia sem dizer palavra. As sombras fitavam tanto Harry quanto Tom.

— Você quer ficar aqui, Tom, e bater no homem que vai entrar por aquela porta até que ele se reduza a pó. Você quer extravasar toda a revolta, fúria e humilhação contida em cima do assassino, não quer?

Desta vez Harry deixou Tom responder.

— Sim — foi a resposta agonizante. — Eu quero matar o filho da puta! Eu quero sentir seu sangue em minhas mãos. Onde ele está?

O grupo negro se aproximou, mas Harry o manteve afastado.

— Sua vingança seria uma mentira, porque ele não está em sua dimensão, ele está na minha — declarou Harry. — Mas você é livre para viver essa mentira, se isso lhe der prazer. A escolha é sua. Você vai ficar cansado depois de um tempo e você vai sentir um vazio dentro de seu espírito quando perceber o que você deixou para trás. A escolha é sua. Eles — indicou as sombras com a cabeça —, o lado escuro, ou o seu melhor lado. O lado que Elizabeth e Jessica amaram. O lado que as amou também.

Tom perguntou:

— Onde elas estão? Elas estão aqui?

— Elas estão na sua dimensão, mas não na sua vibração. Elas não estão tomadas pela revolta, ódio e vingança. Elas amam você, Tom, mas, por enquanto, você não pode vê-las. Há raiva demais em você. Todos têm essas escolhas para fazer, quer seja na Terra ou em espírito. Nós escolhemos se vivemos em amor, bondade e empatia, ou se nos lançamos em nossa inveja, orgulho, ambição, medo e revolta. Acredite em mim. Eu vivi em apatia durante anos.

Ignorei a bondade e o amor e escolhi, ao invés disso, a dúvida e o cinismo. Eu estava com medo de sentir. Eu era exatamente como você, Tom.

Harry olhou por cima do ombro de Tom e piscou para mim.

Tom finalmente quebrou seu silêncio.

— Acho que não vou ganhar aquele sanduíche, no fim das contas — brincou. — Engraçado, eu já não estou mais com fome.

As sombras lentamente sumiram na luz do sol matinal.

A cama, os criados-mudos e o guarda-roupa desapareceram. A sala estava vazia, como sempre esteve. Agora, no entanto, Tom via o quarto como ele era. Tom perguntou a Harry quem ele era:

— Eu percebi um tempo atrás que você não está aqui para comprar a casa.

— Ah, Tom — suspirou Harry. — Existem tantas coisas mais importantes para você saber. Eu sou apenas um pobre-diabo como você. Estou na Terra e neguei durante anos meu talento para ajudar os outros. Obrigado por me deixar ajudá-lo.

— O que eu faço, para onde vou? O que eu devia fazer agora? — perguntava o espírito, agitado.

Uma suave voz feminina se fez ouvir.

— Venha comigo, Tommy. Eu o levarei aonde deve ir.

Era Helen Phillips, que aparecia como Tom se lembrava dela: uma mulher alta e elegante, com cabelos meticulosamente penteados.

O filho voltou-se para o som de sua voz e se jogou nos braços abertos da mãe. Duas vibrações agora ocupavam o mesmo espaço e Tom sentiu o amor de sua mãe encher o seu espírito.

Harry, com lágrimas brotando nos olhos, assistia a tudo.

Por um momento, eu deixaria Tom e sua mãe a sós. Mas logo eu revelaria minha presença. Finalmente, eu poderia iniciar meu trabalho com Tom.

18

Uma conversa sobre carma

Eram nove da manhã quando Tom saiu com sua mãe. Ela o levou de volta ao hospital espírita onde, finalmente, Ian e eu poderíamos trabalhar com ele.

Um Harry Clark cansado inspecionou o quarto. Apesar de sua exaustão, o médium estava feliz.

— Você tem idéia do que acaba de realizar? — perguntei.

O médium deu de ombros e refletiu:

— É, eu finalmente fiz o que nasci para fazer. — E acrescentou, provocante: — Acho que meus dias de fliperama acabaram.

Fiquei pasma. Não tinha idéia de que ele sabia o apelido que eu lhe tinha dado. Ele balançou a cabeça e disse que havia captado quando nos encontramos em seu apartamento pela primeira vez.

— Não se incomode com isso. Você estava certa. Eu sei que fracassei em tudo que fiz, provavelmente porque nunca levei nada a sério. Na noite passada foi a primeira vez, em um longo tempo, que eu realmente me envolvi com alguma coisa ou com alguém. Eu me esforcei por ele — disse, referindo-se a Tom. — Sabe disso, não sabe?

— Você lutou e venceu — respondi, mas adicionei que ainda havia muito trabalho pela frente. — Nós mal começamos. Mas na noite passada, meu amigo, você salvou um espírito de si mesmo. Você deteve, pelo menos por enquanto, a revolta, o ressentimento e o medo. Você afugentou os vultos que o circulavam. Você me deu uma boa chance de ajudá-lo.

O médium, deitado no chão do quarto, disse que queria ler algo antes que eu fosse embora.

— Eu escrevi isso durante aquele longo período calmo em que Tom estava com os olhos fixos na porta — explicou. — Aqui está como eu vou chegar a David.

Fiquei curiosa.

— Vamos esperar até que ele chegue ao corredor da morte — começou Harry. — Agora ele está na prisão local e tem muitas distrações: o julgamento, a imprensa, outros prisioneiros e seu advogado entrando e saindo. Este julgamento deve acabar em poucos dias e você sabe tão bem quanto eu que ele será declarado culpado. Então, há a fase da aplicação da pena. Deve durar uns dois dias e, claro, eles vão sentenciá-lo à morte.

Enquanto Harry falava, eu me lembrava da pequena sala azul-clara com a maca. Estremeci, sentindo o frio e o vazio artificial de lá.

— Dois dias depois da sentença, ele chegará a Terrell. Por um mês, ele será mantido em uma ala especial que chamam de "avaliação". Durante esse tempo, ele não pode receber visitas, cartas ou telefonemas. Então, ele é colocado em sua cela permanente. Eu vou lhe dar mais um mês para que se acomode e depois vou lhe enviar esta carta.

Eu queria saber como Harry sabia aqueles detalhes todos sobre a prisão e mais uma vez ele repetiu que era um barman:

— Mas, além de ser apenas um barman, meu bar fica a apenas três quarteirões do corredor da morte. Uma porção de guardas aparece lá para beber um pouco.

A luz da manhã se esgueirava pela janela do quarto e Harry observou que aquele ia ser mesmo um lindo dia. Mas eu senti que havia algo sobre o qual ele queria falar. Pedi a ele que colocasse para fora o que quer que quisesse dizer.

— Bom — ele começou —, na noite passada eu entendi o que Bob disse muito tempo atrás: não é um presente, é uma ferramenta para ajudar pessoas. Eu finalmente acredito nisso.

Eu estava contente que Harry tivesse se encontrado e disse isso a ele. Ele me interrompeu. Falou que tinha mais a dizer:

— Eu quero que você saiba que o que eu vou dizer não vai afetar em nada o relacionamento que possa vir a ter com David. Você tem minha palavra.

Agora eu tinha uma idéia de onde ele queria chegar.

— Isso é sobre a pena de morte? — arrisquei.

— É, e sobre esse assassino especificamente — respondeu ele.

Perguntei a Harry se ele não queria falar sobre isso uma outra hora, talvez mais tarde, à noite, depois de ter descansado.

— Essa foi bem longa para você — relembrei.

O médium me calou. Ele queria falar naquele momento.

— Eu honestamente não sei o que penso sobre a pena de morte, mas esse caso me incomoda. David estupra uma mulher e mata-a com as próprias mãos. Ele rouba o carro dela e usa suas chaves para invadir a casa dela, onde ele mata uma garota de três anos de idade e depois mata o pai. Que tipo de pessoa é ele? Maryanne, pode alguém chegar a ele? Ele vai ouvir?

Eu não respondi naquele ponto. Pedi a Harry que continuasse, e ele o fez.

— As pessoas têm o direito de se proteger. Eu sei que não quero David nas ruas daqui a vinte ou trinta anos. Entende o que eu quero dizer?

— Você não pode ajudar só aqueles de quem gosta — atalhei.

— Eu acho que ele merece morrer. Sua morte, em suas próprias palavras, nada mais é do que uma conseqüência das ações dele. Ele mata, então ele é morto. Não é assim que é o carma?

Este argumento não era novo. Tudo que Harry tinha de fazer era começar a citar a Bíblia: "olho por olho" ou "ele que viveu pela espada morrerá pela espada". Além disso, ele, como outras pessoas que não entenderam a Bíblia, tinha uma idéia errada sobre o carma.

Era importante orientá-lo corretamente e, ao mesmo tempo, eu estava prevenida de que o carma é um conceito difícil de entender.

— Eu entendo o que você está tentando dizer — comecei e o alertei de que normalmente eu não responderia como estava pronta a responder. — Existem tantas nuanças de certo e errado, e nada é absoluto no Universo. Mas, neste assunto, você está totalmente errado — disse enfaticamente.

Ele levantou suas sobrancelhas. Agora era ele quem esperava que eu continuasse.

— Ninguém pode tirar uma vida. O que David, ou qualquer outro assassino, fez é errado. Ponto final. Não há exceções. Mas como pode a sociedade dizer que matar é errado se ela mata?

Harry, mais uma vez, mencionou o carma.

— O carma de David será equilibrado, mas não pelo homem. A morte é final, mas todo assassino, criminoso ou infeliz desgraçado neste planeta é uma expressão viva do Criador. Ninguém tem o direito de acabar com essa expressão.

O médium jogou um velho ditado sobre mim, perguntando:

— Não há nenhuma verdade na expressão "aqui se faz, aqui se paga"?

— O carma é muito mais sutil do que velhos ditados. O carma não é fútil; ele completa a vida. O carma não é perverso, arbitrário ou vingativo; o carma é aprendizado e crescimento. Ele é o elo de ligação que nos mantêm unidos um ao outro. O carma é um instrumento para progredir. Eu pergunto a você: onde está o progresso em matar um ser humano?

Harry entendeu, mas contestou:

— O que devemos fazer com esses caras? Deixá-los soltos para que possam matar de novo?

— Claro que não — respondi, sorrindo. — Mas, Harry, nós, como espíritos, não podemos ignorar os outros. Ao matar alguém, se diz: "Não há esperança, você não tem chance de evoluir; sua vida não tem sentido e não há nada que possamos fazer com você". Quando a sociedade mata, ela admite seu próprio fracasso.

Agora, decidi lhe dar um exemplo bem particular.

— Você me disse que estava cansado de provar que havia vida após a morte e depois ver as pessoas continuando a viver sem entender o que isso implica.

Harry lembrou-se do que tinha dito.

— Na Terra, as pessoas primeiro aprendem, e depois entendem o que aprenderam. As pessoas têm de aprender que nós somos todos espíritos e depois têm de entender que somos todos um só. Somos mais do que parentes uns dos outros, nós somos os outros. Como podemos matar uma parte de nós mesmos?

Harry concordou, mas acrescentou:

— David matou.

— Sim, ele matou. E cabe a você e eu ajudá-lo a entender o que ele fez. Como ele pode compreender seu carma se ele não compreende a enormidade de seu ato? Na maioria das vezes, a sociedade executa pessoas que não têm a menor idéia do que fizeram. Como você pode esperar que o espírito progrida? Como você pode exigir, como você pediu, que ele mude seu comportamento?

Enquanto Harry raciocinava, eu, tranqüila e calmamente expliquei:

— Harry, nós somos guardiões de nossos irmãos e somos responsáveis uns pelos outros. — E forçosamente terminei meus pensamentos dizendo: — Nós somos responsáveis até por aqueles que não entendem.

— Está sendo uma noite interessante — disse ele sorrindo, numa pausa, antes de acrescentar: — E um dia.

— Pode ter certeza disso — concordei.

19

Uma carta para o corredor da morte

Antes de sairmos do quarto, um Harry Clark pensativo leu a carta que escreveu para David. Harry estava apoiando suas esperanças nela, acreditando que a carta poderia ao menos provocar a curiosidade de David. O médium apostava que a carta faria o serviço e David autorizaria a visita de Harry. Sem o consentimento de um prisioneiro do corredor da morte, ninguém pode visitá-lo. Era um dos poucos direitos que eles tinham.

Eu estava curiosa quando Harry mencionou a carta e, depois de ouvi-lo lendo, fiquei impressionada com sua inteligência e habilidade. Se aquilo não funcionasse, eu não sabia o que poderia funcionar.

Caro Sr. Heinz.

Você não me conhece. Meu nome é Harry Clark. Eu estive em seu julgamento e sei sobre seus crimes por meio de jornais e televisão.

O que posso dizer? Em uma questão de horas você, por qualquer que seja o motivo, eliminou uma família inteira e isso é algo que eu jamais vou entender.

Mas deixe que eu vá direto ao ponto. Eu não sou desses bons samaritanos que quer segurar sua mão durante os dias sombrios que tem pela frente e não sou um defensor do fim da pena de morte procurando por uma causa (na verdade, eu tenho algumas opiniões conflitantes a respeito). Tampouco sou um fanático religioso em uma cruzada para convertê-lo em um evangélico, muçulmano ou qualquer que seja a religião na moda nos dias de hoje. E, finalmente, não sou alguém que tem uma curiosidade mórbida para escrever, me corresponder ou visitar um assassino no corredor da morte.

Eu sou um médium.

O que é isso? Bom, vou tentar explicar.

Em seu julgamento, havia uma mulher em pé atrás de você. Ela tinha mais ou menos um metro e sessenta de altura, gorducha, com cabelos grisalhos. Ela tinha um grande avental branco com uma grande maçã vermelha bordada na frente e a palavra MAMÃE *escrita em letras azuis.*

Ela acariciava seus cabelos e ficava chamando você de "Davey Ondinhas", "Davey Ondinhas", repetidamente. Isso significa alguma coisa para você? Estou certo que sim, porque eu sei que ela é sua mãe.

Claro, você não a viu. Você não pode. Eu posso. É isso que médiuns fazem. Eu vejo e ouço pessoas que já não vivem na esfera terrestre.

Dorothy, sua mãe, me pediu que cuidasse de você. Então, aqui estou eu, oferecendo a mim e o meu tempo. Moro aqui em Livingston, Texas. Então, como quis o destino, estou apenas alguns quarteirões longe de você.

Eu gostaria de esclarecer algumas coisas para você e deixar algumas regras básicas definidas desde o começo.

Primeiro: eu sei, mais que qualquer outro além de você, o quão culpado você é. Não espere que eu o transforme em uma causa!

Segundo: eu não vou lhe dar nenhum dinheiro, exceto para selos (estou enviando alguns; sei que você não tem dinheiro para comprá-los).

Terceiro: tenho opiniões ambivalentes sobre a pena de morte. Acho que o que você fez foi hediondo e injustificável.

Antes de assinar, existe algo mais que Dorothy me pediu para lhe passar.

Ela disse que sua tia Bertha está bem. Ela está com Charlie. Charlie é um gato angorá preto e branco.

Agora, se isso não for o bastante para ao menos deixar você curioso em me ver, eu não sei o que vai ser.

Nós podemos acabar ficando amigos. Eu sei que você é

um solitário neste mundo, sem irmãos, irmãs ou qualquer outro parente. Como eu disse, moro aqui em Livingston.

Eu sei que você está tentando entender o que eu quero ganhar com isso. Adivinhe? Nada. Você não tem nada para me oferecer. Isso não é, com certeza, um jeito barato de ter emoções. A simples idéia de entrar em Terrell não me anima em nada. Sabe, sendo um médium, sinto ambientes, emoções e lugares de um modo muito mais forte que a maioria, e sei o que me espera se você decidir me ver.

Então, é isso aí. Esperei deliberadamente dois meses para mandar esta carta. Eu queria lhe dar uma chance de se adaptar ao seu novo lar.

Mas tudo que disse até agora é o que eu não vou fazer. Vou lhe contar o que eu posso fazer:

Eu vou lhe dar a certeza de que sua vida vai continuar depois que você morrer.

Eu vou ajudá-lo a se preparar para essa morte e para sua vida seguinte. E, finalmente, se você desejar, eu vou ajudá-lo a entender o que você fez e, espero, ajudá-lo a fazer as pazes consigo mesmo.

Por que eu quero ajudar você? Porque uma velha senhora em um avental branco chamada Dorothy disse que ainda ama seu Davey Ondinhas e que ele sempre será seu menininho.

Sinceramente,
Harry Clark

Quando terminou de ler a carta, Harry disse que iria passar a noite em Houston e partiria para Livingston na manhã seguinte. Nós nos separamos, mas sabíamos que nossa jornada juntos estava apenas começando.

20

O campo de estrelas

No hospital, fiquei animada com o que vi. Ao invés de repousar em seu coma, Tom agora sentava no jardim de flores fora da sala de vidro circular do hospital. O Dr. Ian e sua mãe estavam com ele.

Quando me aproximei deles, Ian e Helen Phillips sorriram e acenaram.

— Ele está muito melhor, não está? — disse Helen entusiasticamente.

A pergunta foi feita não apenas para mim, mas também para Ian. Mas nós dois sabíamos que, enquanto Tom parecia melhorar, ainda havia muito a se fazer. Nós precisávamos da ajuda de Helen. O amor de uma mãe vence muitos obstáculos, mas algumas vezes também pode vir a ser um obstáculo. Eu esperava que o amor de Helen não interferisse na evolução de Tom.

Tom deu-me um olhar intrigado. Ele parecia me reconhecer, mas não sabia onde havia encontrado antes uma garota negra de dezesseis anos de idade. Para ser honesta, não era de minha aparência que ele se lembrava, mas de minha vibração.

— Como está indo, amigo? — perguntei.

— Bem. Eu conheço você? Não quero ser grosseiro, mas eu acho que sim e não consigo saber de onde.

Eu ri. Sua confusão era genuína, e eu estava certa de que este seria um dos momentos mais leves que iríamos ter juntos. Eu disse que estava feliz em vê-lo e que nós nos conhecíamos:

— Estivemos juntos por algum tempo, desde Houston.

Seu humor se alterou e sua aura ficou negra e sombria. Tom ainda não estava longe de seus problemas. Ele apenas deu um passo no caminho para a consciência e nós tínhamos de ser cuidadosos ao pisar naquele caminho. Qualquer passo em falso podia agitar a revolta que ainda rugia em seu interior.

As memórias de Tom estavam borradas e ele não podia saber de que Houston eu estava falando: a noite em que ele morreu ou a maratona com Harry.

Ele assentiu e fixou vagamente o olhar no vazio. Eu sabia o que ele estava sentindo: a melancolia vazia de uma outra vida, perda e tristeza como ele sentia por sua esposa e filha.

Perguntei se podia ficar a sós com Tom:

— Há algumas coisas que quero falar.

Ian levou a relutante Helen com ele. Ela protestou, pedindo para ficar só um pouquinho mais com seu filho.

O médico sabia pelo que Helen estava passando: ela esteve ao lado de Tom quase desde o momento em que ele chegou. Ela o viu em coma, viu-o lutar com a escuridão e, agora que ele aparentava estar melhor, ela queria passar algum tempo com seu filho.

Ian tentou acalmá-la:

— Helen, Tom ainda precisa de ajuda. Ele precisa do tipo de ajuda que Maryanne pode lhe dar. Ele ainda está perdido. Seu amor ajudou a trazê-lo até este ponto. Agora, ame-o bastante para deixá-lo ir, assim nós podemos movê-lo para um novo ponto.

— Thomas — disse a mãe —, se você precisar de mim, nem precisa chamar. Apenas pense em mim e estarei aqui.

Uma mãe contrariada disse suas despedidas.

— Agora somos só eu e você, garoto — brinquei. — O que me diz de cairmos fora daqui? Há um lugar onde quero levá-lo.

O espírito estava curioso, mas primeiro quis saber quem eu era. Isso era razoável: por que ele deveria sair com uma adolescente que ele nunca tinha visto? Tom não sabia que nós viajamos juntos através do tempo e dimensões.

— Meu nome é Maryanne.

— É, eu sei, eu presumi isso. — Tom estava sendo analítico.

— Eu sou sua guia.

Tom ficou mudo por um segundo, tentando se lembrar de algo guardado bem no fundo de sua memória.

Lenta e pausadamente, ele disse:

— Eu sou sua amiga, eu sempre vou estar com você. Eu sou sua guia, não tenha medo, o que aconteceu tinha de acontecer e o que vai acontecer será escolha sua.

Ele me pegou desprevenida, mas eu percebi que ele estava repetindo as palavras que disse a ele quando atravessamos da Terra para o plano espiritual. Fiquei fascinada com sua memória e disse isso a ele.

— Não fique. Isso soou tão estranho e diferente que ficou em mim. Eu não sei o que é um guia, e as palavras "o que aconteceu tinha de acontecer, o que vai acontecer será escolha minha" me intrigaram. Aquelas palavras giravam dentro de mim, como a letra de uma música que fica se repetindo.

No entanto, ele não conseguia se lembrar de onde ou quando ele me ouviu dizer aquelas palavras. Ele perguntou timidamente:

— Você disse que esteve comigo desde Houston. Você — fez uma pausa para se recompor — viu alguma coisa que aconteceu lá?

— As duas vezes.

— Onde está o canalha que fez aquilo?

Isso não era nenhuma surpresa. Eu sabia que ele não estava na trilha da recuperação como sua mãe pensava. Harry nos ganhou algum tempo para impedir Tom de construir sua própria realidade, vivendo e revivendo com espíritos das baixas vibrações os momentos finais de sua encarnação na Terra.

Mas o que Harry não podia fazer era ajudar esse espírito a se curar. Esse era o meu trabalho e era hora de começá-lo.

— Como eu disse, por que não saímos daqui? — Evitei responder a sua pergunta.

— Você vai me levar até ele?

— Tom, logo você estará livre para ir aonde quiser.

Não era hora de falar em vibrações, livre-arbítrio e todas aquelas coisas boas. Continuei:

— Mas, por enquanto, vá um pouco mais na minha. Afinal, eu sou sua guia. Fui mandada para você. Tudo que peço é que me dê uma chance. Faça-me esta vontade, está bem?

Tom estava revoltado. Ele queria David. Felizmente, ele não sabia como encontrá-lo. Ele ainda não estava consciente do poder que seu espírito possuía. Eu tinha de trabalhar depressa.

— Engraçado... Pensei que você quisesse encontrar Elizabeth e Jessica — aventurei, ansiosa por sua resposta.

A maioria dos espíritos, se não é encontrada por seus entes amados, quer ser levada imediatamente até eles. Este espírito, por alguma razão, nem sequer perguntou onde ou como elas estavam. E eu sabia que ele as amava apaixonadamente.

— Não quero vê-las. Eu tenho de achar o assassino e fazer o que deve ser feito. Então, e só então, vou estar pronto para encará-las. Tudo que eu quero saber é se elas estão bem.

Agora eu entendi: ele estava com vergonha.

— Elas estão bem. E você deve estar certo: eu também não acho que esteja pronto para vê-las.

— Então por que perguntou? — gritou ele.

— Pura curiosidade. Olhe, nós podemos ficar discutindo aqui por toda a eternidade. Confie em mim. Vou explicar aquelas minhas palavras de que você se lembra tão bem.

Isso o convenceu. Tom suspirou e se rendeu à sua curiosidade. Mas manteve sua posição e argumentou:

— Vamos fazer um acordo. Se você me contar a verdade e apenas a verdade, eu vou aonde quer que você queira ir.

Não vi nenhum problema nisso, e disse isso a ele. Mas, como precisava de alguma coisa em troca, subi as apostas.

— Eu preciso de umas coisas de você. Primeiro, esqueça sua lógica. Eu vou lhe mostrar a verdade, você tem minha palavra. Tudo que peço é que aceite isso, não importa o que a razão lhe disser.

Ele concordou, reservando-se o direito de fazer perguntas.

— Segundo, existem verdades para as quais você não está pronto. Eu lhe direi quais são. E existem verdades que eu não entendo e eu lhe direi quais são, também. Nós temos de ser totalmente honestos um com o outro, porque a razão da minha existência agora é ajudar você. E esta é a primeira verdade que quero lhe contar.

Sem comentar, Tom perguntou:

— Aonde nós vamos?

— Segunda verdade: nenhum lugar, mas todos os lugares. Eu não estou falando em código, estou falando a verdade. Aqui, na terra dos assim chamados mortos (pensei em me livrar dessa palavra estúpida o mais breve possível), nós viajamos pelo pensamento.

Enquanto eu falava, as cores vibrantes do jardim de flores se derretiam e nós já não sentávamos no gramado verde e denso. Estávamos no meio de um deslumbrante e esplêndido campo de estrelas, rodeados por cintilantes cachos de luz.

Tom engasgou com tanta beleza e maravilha.

— É espetacular — foi tudo que pôde dizer.

— Eu o trouxe aqui por uma razão. Eu vou lhe contar uma história.

Ainda tomado pelo encanto de bilhões de estrelas, o espírito perguntou:

— Uma história real?

Lembrando do nosso acordo, eu disse:

— Esta história é como um campo de estrelas: tem verdade, poesia e beleza. A história não é verdadeira, mas há verdade nela. A poesia faz a história fácil de entender, e a beleza é que a história é sobre todos os seres vivos na Criação.

Ainda se acostumando ao esplendor, Tom assentiu e sussurrou, calmamente:

— Eu sinto como se estivesse em um lugar santo.

— De certa forma, você está — respondi.

E comecei a história.

— Antes de nós existirmos, havia Deus, o Criador da Criação.

Ele imediatamente interrompeu:

— Já que você está me falando a verdade, deixe-me perguntar uma coisa: quem é Deus?

Rapaz, a pergunta sobre Deus, eu pensei. Como eu iria resolver isso? Com a verdade, decidi.

— Tom, eu não posso explicar Deus para você. Não estou pronta para saber todas as verdades, razões e respostas. Mas sei que a força que chamamos Deus está ao nosso redor. É tudo que você pensa que é, porque é o que você pensa e ainda é mais. O mais é a sutileza, amor e sabedoria que nós, em nosso nível de desenvolvimento, não podemos entender. Além disso, quando você ouve a palavra Deus, sabe que é o que você pensa que é. Você vai estar certo, porque você é parte desta força. Não permita que sua forma de entender Deus fique confusa com o que as religiões ensinam. Ele não é vingativo, controlador e implacável. Ele não é um mestre do xadrez usando-nos como peões em um tabuleiro cósmico. Deus é o início de tudo e é o que você vê ao seu redor.

O espírito assentiu e eu voltei para a história.

— Assim, no início, havia o poder de Deus, atingindo todo o Universo que conhecemos. De Sua essência, Ele nos criou e nós nos tornamos os incontáveis milhões de estrelas que você vê ao nosso redor.

Expliquei a Tom que isso era uma expressão poética, linda e verdadeira, porque "nossos espíritos, partes do espírito d'Ele, brilhavam e cintilavam com sua força, energia branca e pura".

— Cada "estrela" ou espírito foi criado igualmente, nem maior, nem mais brilhante. Nós viemos da mesma fonte, animados pela mesma luz. Essa é a verdade, beleza e poesia.

Fiz uma pausa para a reação de Tom.

— Eu entendo. É lógico, honrado e justo — ele refletiu, estudando os diamantes brilhando diante dele.

— Vagarosamente, durante longos períodos de tempo, cada estrela se tornou consciente de si mesma e começou a ter desejos. E como cada estrela é parte de seu Criador, ela começou a criar sua própria realidade. Mas cada estrela não entendia que era apenas uma pequena e singular parte de um enorme todo.

As infinitas estrelas faiscavam na escuridão. Pedi a Tom que olhasse e imaginasse que cada uma daquelas estrelas era uma alma tendo seus próprios desejos, pensamentos, ambições e necessidades.

— À medida que o Universo se desenvolveu e os planetas se formaram — continuei — espíritos foram sendo atraídos a certos lugares no Universo.

Olhei para Tom para ver se ele havia entendido. Disse a ele que cada espírito vai aonde suas vibrações o levam.

— Um espírito cujas vibrações são baixas não pode se elevar além daquelas vibrações. Um espírito cujas vibrações são desenvolvidas pode ir a qualquer lugar, e um espírito cuja essência está cheia de ódio e revolta viverá onde há ódio e revolta.

Ele entendeu.

— Espíritos de freqüências iguais encontram uns aos outros e povoam os vários níveis de vibração do Universo. Você viveu todas as suas encarnações em uma vibração particular chamada Terra.

Tom olhou para as estrelas e disse que se sentia tão pequeno, vazio e insignificante. Ele começou a soluçar.

— Diga-me por quê. Nós três éramos tão felizes. Por quê? Por que aquele canalha estuprou minha esposa e a assassinou, matou meu bebê e depois atirou em mim? O que eu fiz de errado?

Com grande compaixão, eu disse a ele que tudo se encaixaria e ele logo saberia a razão de tudo. Pedi-lhe que fosse paciente, a história não tinha acabado.

— Durante o percurso, através de muitas vidas, muitos esqueceram de onde vieram. Nós acabamos tão presos em nossas realidades de emoção, aventura, poder, glória, ego e intelecto que esquecemos quem e o que somos.

Tom começou a ver a lógica.

— Nós fomos responsáveis pelo que aconteceu a nós mesmos, então — disse ele, timidamente.

— Sim, e somos responsáveis pelos outros, também. Não somos todos apenas estrelas criadas da mesma matéria?

Ele assentiu, relutante. Eu continuei.

— Olhe ao nosso redor. Você é uma estrela, seu espírito acaba de ser criado. Tão lentamente, ele desperta em você que você é uma estrela, não uma parte das estrelas que estão ao seu redor. Você é uma estrela individual, singular.

Ele sorriu enquanto pensava no que eu tinha dito.

— Você precisa ser! Você quer ser! Você criou seu próprio ego, sua própria identidade e seu próprio ser. Você sente o poder interior, você pode criar e você pode desejar, você pode construir e você pode sonhar. Você existe.

Então eu disse a ele que sua estrela estava se movendo, atraída por outras estrelas em afinidade com ele.

— Você se une a elas porque, na infinidade de bilhões de estrelas, elas estão criando as mesmas vibrações que você. Elas estão usando seu recém-descoberto livre-arbítrio e criando uma realidade chamada Terra.

Expliquei que todas as escolhas que ele já fez e todas as experiências que ele já teve são sempre mantidas na estrela, chamada seu espírito.

— Hoje, seu espírito é diferente da estrela que nasceu eras atrás. Você não é o mesmo que quando foi criado no início. No entanto, você e eu e todos os outros neste Universo já fomos uma estrela.

Contei a ele que estava sendo poética, mas apenas para mostrar uma verdade.

— Nosso objetivo é nos tornarmos estrelas novamente. Mas não ignorantes, bobas, raios de luz vazios. Nós nos mudamos e crescemos, mas é o nosso destino voltar a fazer parte do todo novamente. O Poder que nos criou evoluiu por meio de nossa experiência, e, quando nós percebermos que somos um só, nós nos reuniremos a Ele outra vez.

Senti que Tom já estava pronto para que eu fosse mais específica.

— Tom, você é um espírito que, em uma encarnação de muito tempo atrás, foi ferido emocionalmente. Você calou seus sentimentos e desenvolveu sua racionalidade, lógica e talento analítico. Você foi bem, mas percebeu que estava vazio.

Ele permanecia cético, mas quis que eu continuasse.

— Vou mostrar a você essa encarnação — anunciei.

Eu o instruí para que escolhesse uma estrela e se concentrasse nela.

Vagarosamente, ele começou a ser levado pelo tempo, de volta a outro lugar e uma outra época na Terra.

Tom falou:

— O nome dela era Kathryn. Eu a amava tanto. Ela era minha razão de viver. Eu precisava dela mais do que da própria vida, sexualmente, fisicamente, mentalmente, emocionalmente. Ela era minha alma gêmea.

Ele viu quando Kathryn, a mulher que ele amava, o menosprezou e ridicularizou. Ele assistiu quando seu amor se transformou em ciúme, depois raiva e depois ódio quando ela se casou com outro homem e começou uma vida sem ele. Ele assistiu a como os anos daquela encarnação passavam rapidamente e como ele deixou a Terra como um homem solitário, amargo e revoltado. Tom, naquela encarnação, sentiu a dor de seu amor obsessivo.

Tom olhou para mim e disse que podia sentir ainda aquela dor dentro dele. A mágoa, a revolta e a humilhação ainda estavam lá.

— Então, jurei nunca mais me emocionar daquela forma. Eu não queria jamais experimentar humilhação e frustração ou o sentimento de impotência novamente.

— Mas, ao invés de aprender a lição de que ninguém é de ninguém e ao invés de aprender com sua humilhação, você fez outra coisa. — Parei e pedi a ele que terminasse. — Você sabe o que você fez — provoquei.

— Eu me fechei. Eu me afastei do amor e evitei toda e qualquer situação em que eu pudesse ser impotente de novo.

Disse a ele para escolher outra estrela.

— Agora nós estamos em um outro lugar, um outro tempo e uma outra vida. Dê uma olhada nesta cena.

Tom viu a si mesmo, como pai, castigando seu filho de dezesseis anos. Ele suspirou, quis virar o rosto e fugir do que estava dentro dele.

— Eu me lembro disso. É meu filho Timothy. Eu queria ensinar a ele uma lição. Seu cachorro, que a mãe dele lhe deu quando ele tinha cinco anos, morreu. Timothy chorava, e chorava, e chorava. Eu queria torná-lo mais homem. Disse a ele que lágrimas eram inúteis e tristeza era uma perda de tempo. O maldito cão estava morto e não havia nada que o amor pudesse fazer.

Tom descreveu como o garoto continuou chorando, lamentando mais e mais sobre como ele amava aquele cachorro. Tom lembrou-se de ter perdido a paciência e bater no garoto "para eliminar aquele sentimentalismo bobo dele".

— Eu sei que estava errado, mas eu estava tentando ajudar Timmy. Eu não queria que ele crescesse para ser um fraco e sentimental.

— O que você estava tentando fazer — corrigi — era fazer com ele o que estava fazendo consigo mesmo: erradicando todas as emoções. Você pensava que elas eram perigosas, bobas e sentimentais. Mas na realidade você tinha medo delas porque elas já o haviam feito sentir mágoa, dor e impotência.

Tom suspirou e lamentou:

— Eu estava errado.

Expliquei que não havia certo ou errado, apenas ações e reações.

— Vamos voltar a Timothy. Lembra-se de como ele cresceu?

— Eu estive na cola dele pelo resto da vida. Ele era fraco, preguiçoso e não tinha ambição. Eu queria que ele fosse alguma coisa na vida. Acho que nunca foi. Ele morreu antes que eu e, antes de sua morte, disse que eu sempre o humilhei, fazendo com que se sentisse fraco e — Tom pegou a si mesmo acrescentando — impotente.

— Não foi como se sentiu depois que o homem matou você e sua família?

— Sim — admitiu Tom, calmamente.

— Talvez você tenha aprendido que as emoções não são uma censura para nossas fraquezas e humilhações. Talvez você tenha aprendido que emoções são uma parte de nós e o importante é como nós aprendemos com elas.

O espírito murmurou algo ininteligível. Ele estava embaralhado em seus próprios pensamentos. Mas eu ainda tinha algumas perguntas.

— Você já se reencontrou com Tim? — perguntei.

— Não — respondeu rapidamente. — Acho que isso tem a ver com aquele negócio vibracional de que você estava falando. Nós nunca tivemos nenhuma afinidade.

Eu sorri e fixei um olhar profundo em Tom.

— Repetidamente nós encarnamos com os mesmos espíritos, aprendendo ou equilibrando nossas consciências com as deles. Elizabeth e Jessica foram exceções. Elas vieram para abrir seu coração, assim você poderia começar a lidar com as emoções que ignorou por tanto tempo. Então, você tem certeza — perguntei de novo — de que nunca mais cruzou com Timothy aqui no plano espiritual ou em uma outra encarnação terrestre?

Irritado, Tom novamente disse não.

Eu balancei minha cabeça.

— Você o reencontrou. Em suas próprias palavras, você o fez se sentir "impotente, fraco e humilhado".

— E ele fez com que eu me sentisse impotente, fraco e humilhado.

Tom percebeu quem era Timothy.

— Mas ainda há mais — acrescentei. — Há Kathryn! Lembra-se do que eu disse sobre como nós somos atraídos, repetidamente, aos mesmos espíritos em nossas vidas? Como somos pegos no eterno ciclo cármico que define, ajusta e equilibra contas entre outros e nós mesmos?

— Ela me humilhou e rejeitou meu amor — refletiu Tom. — Eu a humilhei e rejeitei seu amor.

— Depois, ela tirou seu amor de você — relembrei.

— E eu me senti impotente, fraco e humilhado. Aonde isso vai acabar? — ele implorava.

— Com você — foi a única resposta que pude lhe dar. Afinal, eu lhe prometi a verdade.

21

Uma carta do corredor da morte

Passaram mais de dois meses desde que Harry mandara a carta para David. Eu não o via desde a maratona em Houston. Eu estava passando todos os momentos possíveis com Tom.

Para mim o tempo passou num instante, mas, para Harry, no plano terrestre, foi uma surpresa quando apareci em seu apartamento.

— Onde você esteve? — perguntou. — Acho que senti saudade.

Reportei a ele sobre a visita de Tom ao campo de estrelas, acrescentando que havia um longo caminho a percorrer.

— Mas, graças a você, nós partimos de um bom começo. Tive a mente lógica dele trabalhando sem parar. Ele está racionalizando, deduzindo e analisando tudo que lhe mostro, de todos os ângulos.

Harry quis saber se Tom tinha encontrado sua família. Eu respondi dizendo que Tom não estava pronto.

— Elizabeth e Jessica estão bem — informei. — Elas vieram para a vida dele para ajudar a desenvolver suas emoções. Elas entendem que o melhor é deixar que os eventos tomem seu curso, mesmo que seja doloroso para ele. Além disso, ele está muito envergonhado para encontrá-las. Tom sente que as deixou na mão. Ele disse que vai vê-las apenas depois que as tiver vingado. Alguma novidade sobre David?

O médium fez que sim com a cabeça.

— Esta carta chegou ontem.

— Eu sabia! Por que acha que resolvi aparecer por aqui hoje? — gracejei.

Harry esboçou um sorriso, dizendo que esse era um problema em nosso relacionamento: ele não podia esconder nenhum segredo. Harry se sentou em sua poltrona — que ainda estava pendendo para a direita, por falar nisso — e começou a ler a carta de David.

Sr. Clark,

Depois de um mês no corredor da morte, recebi sua carta. É provavelmente a única carta que eu vou receber, exceto talvez pelo idiota do meu advogado. Pessoas pobres não têm chance no Texas.

Tanto eu quanto Harry concordamos: David era, com certeza, muito posudo.

Na sua carta, você diz que não vai levantar uma cruzada por minha vida. Por quê? Você não acha que minha vida é importante? DEIXE-ME CONTAR O QUE É MINHA VIDA AQUI. VOCÊ DEVIA VER O QUE TODOS NÓS DO CORREDOR DA MORTE PASSAMOS.

Você sabe como esta prisão foi construída? Vou começar contando isso a você.

O estado do Texas queria pôr todos os seus ovos podres em uma só cesta, onde eles poderiam ficar de olho na gente sem gastar muito dos preciosos dólares dos contribuintes. Os malditos políticos mentem o tempo todo. Eles querem se reeleger, então dizem a você que são durões com o crime.

Harry parou e me disse para estar pronta para ouvir a história do sistema da Justiça Criminal do Texas sob a óptica de David Heinz. Respondi dizendo que mal podia esperar. No entanto, não importava muito o que David tinha escrito, mas sim que a cada palavra lida nós estávamos aprendendo mais sobre ele.

Então, eles construíram Terrell. Nesta cidade caipira do Texas chamada Livingston, eles cavaram um buraco de cerca de noventa metros de profundidade e uns três quartei-

rões de largura. Despejaram três metros de concreto para fazer as paredes. Jogaram mais concreto para fazer os andares, eles têm quase dois metros de espessura. Quando acabaram, tinham cinco unidades separadas, chamadas de alas. Há dois andares em cada ala e cinqüenta celas em cada andar. Todas as unidades são conectadas por túneis ao centro de comando, repleto de monitores de TV e travas eletrônicas. É aqui que os caipiras estúpidos e gordos de Livingston controlam nossas vidas. Quando acabaram, cobriram sua nova prisão com a terra que tinham tirado do chão.

É aqui onde eu e mais de quatrocentos homens no corredor da morte vivemos. Já estamos em túmulos sob a terra. Acho que eles estão querendo ajudar a gente a se acostumar com a morte. Tudo que precisamos é de um caixão para repousar.

Deixe-me contar a você sobre minha cela: é uma gaiola de concreto. Qual o tamanho do seu banheiro, Harry? Aposto que tem dois metros por três. Imagine viver no seu banheiro vinte e três horas por dia, comendo perto da privada, sem televisão ou rádio para passar o tempo. Você não tem nada para ler, exceto a Bíblia e algumas revistas velhas que um idiota enfia por baixo da porta de vez em quando. Sua comida passa por uma abertura na porta do banheiro e, claro, você come qualquer que seja a merda que eles lhe dão. Você não tem opção.

E não se esqueça: você está a uns sessenta metros debaixo da terra. Você nunca vê a luz do sol. Uma vez por dia, por uma hora, alguém leva você, algemado e acorrentado, para uma outra sala para se exercitar. Normalmente, há dois ou três prisioneiros ali, então você pode conversar um pouco. Depois, de volta à tumba de concreto, para passar as vinte e três horas que sobraram do dia. Ah, eu esqueci: três vezes por semana você tem dez minutos de chuveiro.

Esses são os melhores momentos da minha nova vida no corredor da morte.

Seu banheiro é provavelmente mais confortável que minha cela. O teto, o chão e as paredes são de concreto sem aca-

bamento ou pintura. Cinza, cinza e cinza, é tudo que eu vejo. Eu tenho uma pia de aço inoxidável e uma privada, e eu durmo sobre, pode adivinhar, um fino colchão acomodado sobre uma laje de concreto. Quem sabe, talvez meu caixão seja mais confortável.

Porém, não se preocupe. Se vier me visitar, eu não posso lhe convidar ao meu quarto: não podemos ter hóspedes. Eles vão me levar, algemado e acorrentado, para uma pequena cabine. Uma grossa lâmina de vidro blindado vai nos separar e nós vamos falar por telefone. É quase como um zoológico, a não ser pelo fato de que eu sou o animal e você é o visitante.

Fico pensando no que aconteceria se um grupo de defesa dos direitos dos animais descobrisse que o governo estava enjaulando animais a noventa metros embaixo da terra, sem contato com nada, em uma sala menor que um canil por vinte e três horas por dia? Não acha que haveria algumas petições e manifestações em defesa dos pobres animais? Bom, por que não existe nenhum protesto para a gente, os homens do corredor da morte? Acho que é porque não somos mais homens ou, pelo jeito, nem mesmo animais.

Eu estava fascinada. Assim como Harry. Nós vimos, na nossa frente, David sentado em sua cela, rabiscando nervosamente as palavras que estávamos lendo.

— Ele está com medo — disse eu.

Harry concordou, acrescentando:

— Acho que ele tem mais medo de passar os próximos anos de sua vida no corredor do que da própria morte.

O médium continuou com a carta:

Sobre aquela outra coisa, você ser um médium, "Davey Ondinhas", a mulher com o avental. Eu não sei nada sobre isso, a não ser pelo que via na televisão quando as pessoas ligavam para um número para saber sobre sua sorte. Nunca fiquei interessado e nunca liguei.

Se você quer me visitar, tudo bem. Não deve haver mais

ninguém que virá por aqui. Eu tinha uma namorada, mas não tenho notícias dela desde que fui preso. Cara, eu não tenho ninguém, então, como você está aqui em Livingston, pelo menos eu posso ter alguém que me visite. Você não é gay, é? Não suportaria ter um visitante gay. Alguns caras dizem que os gays se excitam escrevendo para a gente.

Você tem de preencher um desses formulários para entrar na minha lista de visitantes. Mande de volta e eu entregarei ao comandante da guarda. Eu aviso quando você puder começar a visitar. Eles têm dias de visita na segundas, quartas e sextas das dez da manhã às duas da tarde, e no sábado do meio-dia às seis da tarde. Nunca aos domingos. Obrigado pelos selos.

D. Heinz.

Harry estava desapontado.

— Ele nem sequer mencionou as mensagens que enviei a ele da parte de sua mãe. Esse cara quer um correspondente, só isso.

Eu não podia acreditar no que estava ouvindo.

— Você não percebeu — exclamei — que era aquilo mesmo em que ele estava interessado? A descrição dele de sua vida no corredor da morte é papo furado. Ele ficou fascinado por sua mensagem, apenas está muito assustado para admitir.

Dei uma piscadela para Harry e pedi que confiasse em mim.

Harry disse que iria se ocupar dos formulários que o prisioneiro lhe havia mandado.

— Talvez eles marquem uma visita dentro das próximas duas semanas. E — enfatizou — espero que você venha comigo. Eu não vou gostar de ir sozinho.

— Não esquente. Já estive lá antes.

Para matar a curiosidade, perguntei qual era o número da cela de David. Apanhando o envelope, Harry disse que era HU245. Ele quis saber por que perguntei.

— Ah, pura curiosidade — respondi, sorrindo.

22

Tom no jardim

Tom e eu sentamos no meio do jardim de flores do hospital. Era um dia perfeito: um céu azul profundo com nuvenzinhas brancas como travesseiros rolando sobre nossas cabeças. Uma brisa leve e quente acariciava nossos rostos.

Claro, era tudo uma ilusão criada por Tom, mas era uma linda ilusão, apesar disso.

Ele estava se adaptando à sua nova vida, mas não queria se sentar e ver as nuvens passar. Tom queria respostas e estava a fim de discussão.

— Deixe-me ver se entendi direito — começou ele, sarcasticamente. — Eu surrei meu filho em uma vida de tempos atrás. Agora, o menino voltou e assassinou a mim, minha esposa e minha filha.

Ele manteve a mão erguida, sem esperar pela minha resposta.

— Dá um tempo. Antes de mais nada, Elizabeth e Jessica eram inocentes. De acordo com você, elas não tinham nada a ver com Tim e eu. E se cada pai que der uma surra em seu filho for assassinado, vamos ter um mundo bem cheio de assassinos.

Tom fez uma simplificação ridícula e cabia a mim colocar as coisas em perspectiva.

Comecei com o básico.

— Você está certo: sua esposa e filha eram inocentes. Elas eram figurantes, nunca tiveram nenhum relacionamento com você ou David antes. Elas vieram como oportunidades.

Expliquei que tanto Elizabeth quanto Jessica eram espíritos evoluídos que foram voluntários para ajudá-lo, sem nenhum elo de ligação.

A mente lógica de Tom acelerou e rapidamente disparou a próxima pergunta:

— Mas o assassino, Tim, David ou Kathryn, seja lá qual for o nome que lhe dermos, criou um carma com elas, não criou? Afinal, ele matou Jessica e Elizabeth.

Fiquei deliciada com a pergunta. Ela me ajudaria a conduzir a conversa para a direção que eu queria.

— Não exatamente. Nós temos o livre-arbítrio. Acho que as duas são evoluídas o bastante para saber que, se elas não ficarem obcecadas com ele, não terão nenhum laço com o assassino. Elas e o assassino serão livres para seguir seus próprios caminhos de evolução.

Tom rosnou e ainda queria saber como uma simples surra leva a um assassinato.

— Convenhamos, Maryanne: se há a causa e o efeito, como você disse, essa causa não é muito pequena e insignificante comparada ao efeito?

Tom estava aborrecido. Ele já não estava sentado, mas andando de um lado para o outro pelo gramado, alheio a tudo.

— Sinto muito se essas não são as respostas que queria — lembrei-lhe minha promessa de dizer sempre a verdade.

Pedi a ele que se sentasse, fosse paciente e ouvisse. Ele se sentou, reticente, mas murmurou palavras do tipo "ridículo, papo furado, loucura", sem usar a voz. Ele não era mais o Tom Phillips doce e controlado. Fiquei contente em ver a mudança.

— Tom, eu sei que é difícil, mas tente separar você dos acontecimentos.

— Difícil! Você diz que é difícil! — explodiu. — Um cara chega na minha casa, diz que estuprou e matou minha mulher, assassina minha filhinha e depois atira no meu peito. E você me diz para "me separar dos acontecimentos" — finalizou, sarcasticamente.

— Eu sei que não é fácil — assegurei. — Eu mesma estive lá. Mas aprendi que não importa como nós morremos, seja por doença, assassinato ou acidente, porque a maneira como morremos é também parte do nosso carma.

Lembrei-lhe da cena no campo de estrelas onde ele estava batendo em seu filho adolescente.

— Qual era a sua intenção? Por que estava batendo nele?

Tom tinha sua resposta pronta:

— Para ajudá-lo. Ele era um adolescente chorão se esgoelando por um cachorro. Eu queria que ele aprendesse que não há lugar para emoções vazias e bobas. Se você as demonstra, você só se machuca.

— Tom, seja honesto consigo mesmo. É importante. Não se apresse. Repasse a cena e pergunte ao pai, que era você, por que ele estava tão bravo. Pergunte a ele a resposta. Pergunte à parte de você a verdade. Não há o que esconder, porque não há o que temer.

O espírito fez como eu pedi. Tirando sua revolta, Tom era um espírito sensível, amoroso e humanitário, com medo apenas do que essas emoções poderiam lhe trazer. Foi por isso que ele escolheu bloqueá-las e também por isso tinha dificuldade de lidar com elas.

Como se estivesse em transe, o espírito falou do fundo de sua essência:

— Eu não queria meu filho sentindo o que eu não sentia. Ele amou e se decepcionou com isso. Amor me fez impotente. Machuca e humilha. Eu queria que ele sentisse da mesma forma que eu.

Segui em frente com algumas questões bem difíceis.

— Então, sua intenção não era ensiná-lo sobre a vida. Você queria humilhá-lo como você foi humilhado. Você queria que ele se sentisse fraco e impotente.

— Sim — veio a resposta agonizante.

— Você teve êxito — afirmei seriamente. — E, uma vida depois, ele voltou para humilhar você e fazê-lo sentir-se fraco e impotente. Você o castrou emocionalmente. Ele nunca o perdoou. Ele se tornou obcecado. Suas ações criaram um drama cármico que tinha como astros você e ele.

Contudo, alertei, ainda havia mais.

— Você não perdoou Kathryn, a mulher que desprezou seu amor. Kathryn e Timothy: eles são a mesma pessoa. Kathryn, Timothy e David: eles são a mesma pessoa.

Tom não disse uma palavra enquanto eu descrevia o enredo de seu drama cármico.

— Você nunca perdoou Kathryn por sua humilhação. Ela

voltou como seu filho tentando fazer as coisas endireitarem, mas você, por sua vez, a humilhou. E agora...

Minha voz foi se perdendo e eu fiz uma pausa. Tudo estava quieto no jardim. Rompi o silêncio e sugeri suavemente:

— Não acha que é hora de quebrar o ciclo?

Tom sacudiu a cabeça.

— Como isso tudo pôde acontecer? Eu não sabia que Kathryn era Timmy. David não sabia quem eu era. Nada disso faz sentido.

Finalmente, chegamos aonde eu queria chegar. Era hora de explicar a Tom o poder do perdão.

— Vibrações: tudo não passa de vibrações — disse eu.

Tom respondeu dizendo que não tinha a menor idéia do que eu estava falando. Comecei a explicar pacientemente.

— Lembra da minha história sobre estrelas e como espíritos são atraídos um pelo outro por suas afinidades?

Ele assentiu e ficou ouvindo.

— Você amou Kathryn incondicionalmente, mas ela rejeitou e humilhou você. Ela não tinha nenhuma obrigação de amar você; foi escolha dela não amar. Mas ela também escolheu humilhar e ridicularizar você. Você se prendeu àquela humilhação. Se você a tivesse perdoado, não haveria vibrações entre você e ela, e ela iria aprender, de uma maneira ou de outra, com seu ato de humilhar você. Afinidade é mais do que uma ligação, significa compartilhar uma vibração. Isso faz sentido para você?.

Tom foi evasivo, mas fez sinal para que eu continuasse.

— Obcecado, suas vibrações atraíram o espírito dela para você em uma vida seguinte. Claro, você não sabia que Kathryn era Tim, mas seu espírito estava afinado com o dela e o carma foi trazido de uma vida passada porque você não conseguia perdoar. Aquele espírito, agora com fixação em você, voltou como David. Dê uma olhada nas conseqüências.

Agora eu estava pronta para responder sua primeira pergunta.

— Dar uma surra em uma criança não significa que ela vá voltar e assassinar você em uma outra vida. Mas suas intenções, quando você batia nele, criaram um carma. E, por causa daquele espírito não conseguir perdoar você, o carma foi mais uma vez criado, unindo vocês dois.

Tom argumentou que havia outras maneiras de o garoto acertar suas contas:

— Ele não precisava matar três pessoas.

— Mas não é apenas uma questão de acerto de contas. Você precisava aprender sobre emoções e David queria se sentir poderoso. Nada acontece por acaso. Vocês podem aprender muito com essa experiência, ou vocês podem ignorar tudo e não aprender nada. Ele não tinha de assassinar você; nada o forçou a puxar o gatilho. Ele podia ter feito um milhão de outras coisas para satisfazer sua obsessão por você.

Eu disse a ele que prestasse atenção enquanto eu mostrava as cenas seguintes.

Cena 1: David vê Elizabeth

— Tudo que ele queria era roubar a bolsa dela. Ele precisava de dinheiro para comprar drogas. Porém, quando ela se aproximou, uma voz interior insistia: "Pegue-a, pegue-a. Você a quer".

— Como aquelas vozes lá em Houston? — interrompeu Tom.

— Sim, mas isso não é desculpa. Ele podia ter dito não. Mas ele atendeu às vozes e a estuprou. Não era nem mesmo sexual, era uma questão de poder. Quando alguém se sente impotente, revida. Esse espírito estava influenciado por seu ser inferior porque uma pessoa que se sente impotente atrai as vibrações mais baixas.

Tom assistia em lágrimas, mas não desviava o olhar.

Cena 2: David invade o quarto

Tom se encolhia enquanto assistia à porta ser arrombada.

— David sentiu uma ligação psíquica imediata com você. Ele não sabe o quê ou por quê, mas o sentimento estava lá. Ele o odeia e não quer outra coisa senão atacar você. Ele não quer mais dinheiro, ele quer você! Ele vê Jessica. Ela não significa nada para ele. Ele atira nela porque ele ainda está cheio de si por ter subjugado sua esposa.

Cena 3: Tom urina nas calças

— Lembra-se de como ele provocou e avançou quando você perdeu seu autocontrole?

Tom suspirou enquanto revivia seu momento de humilhação, seu momento de impotência, seu momento de total falta de reação.

— Ele conseguiu o que queria. Se a polícia não estivesse a caminho, ele teria se divertido com você a noite inteira, talvez até sexualmente, porque, na vibração distorcida de David, sexo é poder. Ele precisava de poder. Ele o conseguiu com Elizabeth e ele conseguiu quando humilhou você.

Uma grande e profunda tristeza tomou todo o seu espírito, mas eu não podia parar. Estava quase terminando.

— Aqueles não foram assassinatos calculados e planejados. Eles eram simplesmente os ecos de um homem impotente. Foram ecos de sementes plantadas muitas vidas atrás.

Eu disse a Tom que os filmes tinham acabado. Ele não conseguia olhar para mim agora. Um espírito arrasado esperava pelo que viria a seguir.

— Tenho algumas perguntas para você — disse eu.

— Vá em frente — murmurou Tom.

— Você pode perdoar? Ou você quer que este carma entre vocês dois continue repetidamente, sem parar? Você está vivo, assim como Elizabeth e Jessica.

Eu disse que assassinato é um ato mau e hediondo.

— Seu matador vai, independentemente de sua decisão, viver as conseqüências de suas ações.

Minhas próximas duas questões eram para sacudi-lo, e eu poderia dizer que elas surtiram esse efeito.

— Pode você perdoar esse espírito que foi seu filho? Pode você perdoar esse espírito que você já amou apaixonadamente? Ou vocês dois vão continuar ligados pela revolta e obsessão? É o que você quer? Isso é com você. Sua resposta vai moldar sua próxima encarnação.

Fiz uma pausa por um momento ou dois e repeti suavemente:

— Tom, pense nisso. Pode você perdoar seu filho?

23

Nós visitamos David

Harry estava nervoso porque aquele era o dia que iríamos a Terrell ver David. Não iríamos fazer uma visita a ele exatamente no corredor da morte. O prisioneiro seria trazido até o centro de visitas, onde, como um preso de segurança máxima, ele sentaria em uma pequena cabine por detrás de uma grossa lâmina de vidro blindado à prova de balas.

Enquanto andávamos pelas ruas largas e tranqüilas de Livingston, tentei preparar Harry para o que estava por vir.

— Eu vou fazer o melhor possível para proteger você, mas lembra-se dos vultos que você viu no quarto de Tom? Eles são mais fortes na prisão, porque se enraizaram ali. Esses espíritos são atraídos pela revolta, e lá na prisão certamente há muito disso. Eles também estão mergulhados no medo e desespero, e Terrell é um solo fértil para o medo e o desespero.

Harry não sabia o que esperar dessa primeira visita, mas confessou:

— Se houvesse um momento certo para mostrar a alguém que há outra vida depois desta, acho que seria este.

A prisão surgiu poderosa diante de nós. Na verdade, a cidade de Livingston vivia à sombra de Terrell. Admiti que simplesmente olhar para a prisão, ainda que a distância, me fazia ter calafrios. Harry riu:

— Se você tem isso, imagine eu.

Notei seus braços se arrepiando de cima a baixo.

Num raio de quase duzentos metros ao redor da penitenciária, nada brotava do chão. Todas as árvores, arbustos e plantas foram arrancadas para criar uma zona segura fora do perímetro da prisão. Essa área nua e deserta acentuava o aspecto frio e arrepiante dos prédios brancos, circulares e atarracados feitos de concreto. Eles pareciam se erguer do nada, rodeados por rolos e rolos de arame farpado de um prateado brilhante.

Terrell é uma unidade de segurança máxima do Departamento de Justiça Criminal do Texas e, além do corredor da morte subterrâneo, a prisão abriga prisioneiros cumprindo de trinta anos à prisão perpétua por assassinato, agressão, roubo ou tráfico de drogas. Esses presos de segurança máxima estavam enjaulados nos prédios circulares, largos e sem janelas, bem à nossa frente.

Enterrado a quase noventa metros abaixo desses prédios estava o corredor da morte.

Nós vimos a entrada à nossa frente. Ficava exatamente no meio do terreno da prisão.

— Parece um túnel — comentou Harry enquanto nos aproximávamos do primeiro de três portões.

Era um túnel. Um túnel que nos levaria para o vazio.

David, em uma das muitas cartas que escreveria para Harry, descreveu como ele se sentiu no primeiro dia que chegou ali.

> *Eu estava assustado quando o ônibus parou na entrada. Não deixe essas portas enormes enganarem você: tudo fica menor e menor quanto mais você adentra esse monstro. Eu não acho que vou esquecer aquele dia por todo o tempo que ainda estiver vivo.*
>
> *Era um dia típico do Texas. O sol estava diretamente nas nossas cabeças. Eu o senti queimando meu rosto. E não sabia que, uma vez que eu entrasse naquelas portas de aço, eu nunca mais veria o sol e nunca o sentiria queimando meu rosto novamente. Desci e desci, primeiro na unidade de vestuário, onde eles me deram dois pares de cuecas e um macacão branco.*
>
> *Depois desci para o hall estreito do controle central. Ali não há celas, apenas uma área larga e espaçosa com uma sala de controle cercada por vidro a prova de balas.*
>
> *Dois guardas me levaram à ala H, os corredores ficando mais estreitos agora. É impressionante. Eu agora estou*

no meio da ala e rodeado por dois andares de cela. Acorrentado, mãos algemadas, eles me levam ao segundo andar, cela HU245. Sou empurrado para dentro e imediatamente ouço o som das travas de ar comprimido quando a grossa porta de aço se fecha em frente de mim. Há um clique eletrônico e metálico, e os guardas me dizem para pôr minhas mãos através de uma pequena abertura na frente da porta. Eles tiram minhas algemas. Ponho meus pés para fora e eles tiram as correntes. Estou sozinho na estreita tumba de concreto. Num instante, percebi que esse seria meu lar pelo resto de minha vida. Cinco minutos atrás eu sentia o sol quente do Texas no meu rosto. Agora, estou sentado a um metro de uma privada, num fino colchão largado sobre uma laje de concreto. Eu me lembro de sentar na minha cama, olhar para a privada e chorar.

Harry agora atravessa as portas duplas, as mesmas por onde David tinha entrado havia quase quatro meses. Um guarda o reconheceu. Livingston é uma cidade pequena, e muitos dos guardas paravam no bar de Harry depois do expediente.

— Seu nome está na lista. Visitando David Heinz, certo?

Harry chamou o guarda pelo nome. O nome dele era Chuck.

— Você conhece esse cara? — inquiriu o guarda.

Harry disse não, que era sua primeira visita.

— Um parente dele me pediu para procurá-lo.

— Nós vamos passar por uma rotina de segurança aqui, Harry.

A amistosidade na voz de Chuck desapareceu e a autoridade de seu trabalho tomou conta. Ele instruiu Harry a esvaziar os bolsos de tudo de valor. Ele pegaria de volta quando saísse.

— Deixe também todos os objetos de metal.

Chuck ordenou a Harry que passasse pelo detector de metais, do mesmo tipo que se vê em aeroportos. Então, um pequeno rastreador portátil foi passado por todo o seu corpo e, depois disso, uma revista manual.

— Parte da rotina — explicou o guarda.

O médium esperou na fila com mais cinqüenta ou sessenta outros visitantes. Um outro guarda, de pé em uma plataforma na frente da fila, leu nomes em uma prancheta, e, a cada nome que era chamado, a fila ficava menor.

— Os visitantes do corredor da morte normalmente são os últimos. Nós precisamos de dois guardas para escoltar esses prisioneiros ao centro de visitas. Leva algum tempo para tirá-los de suas celas — explicou o guarda com a prancheta, apontando para o andar.

Esse guarda também conhecia Harry, e a pergunta inevitável veio novamente:

— O que está fazendo aqui? Você conhece esse cara?

Mais uma vez, Harry respondeu ao guarda pelo nome e deu sua resposta ensaiada:

— Primeira vez, Bill. Prometi a um parente que daria uma olhada nele de vez em quando.

Bill resmungou, dizendo que a única coisa errada com a pena de morte era que levava muito tempo para ser aplicada.

— Alguns desses caras estão aqui há mais de dez anos. Apelações, apelações e mais apelações. Se dependesse de mim, eu os executava assim que chegassem aqui.

Harry deu um sorriso evasivo e seu nome foi finalmente chamado. Ele foi escoltado por uma pequena passagem. Na frente dele havia quatro pequenas cabines. Disseram-lhe para se sentar na janela número três.

Uma policial feminina entediada recitou as regras.

— Prisioneiro Heinz vai estar aqui brevemente. Proibido fumar, comer ou beber. Não tente se aproximar do vidro: você será repreendido e a visita, encerrada. Você tem uma hora. Se você desejar terminar antes do fim desta hora, apenas aperte esse botão à sua frente. Se tem qualquer coisa que gostaria de dar ao prisioneiro, deixe comigo.

Harry esperou.

Do nada, um jovem em um macacão branco surgiu do outro lado do vidro. Ele estava algemado e fez sinal para Harry para pegar o receptor do seu lado do vidro.

A conexão estava feita. Harry ouviu a nervosa voz de David dizer:

— Bom, acho que você é Harry.

Harry sorriu e disse:

— E eu sei que você é David.

A primeira coisa que ele notou foi que aquele sorriso sacana, colado no rosto do homem durante o julgamento, havia sumido. Apesar de David estar na prisão por apenas quatro meses, seu rosto estava de um amarelo pálido e seus olhos tinham afundado em sua face.

Houve um silêncio constrangedor. Através do fone, Harry ouviu o prisioneiro respirando rápida e profundamente. Ele notou que David não iria fazer um contato visual. Harry decidiu que caberia a ele romper o silêncio.

— Nós só temos uma hora. Você sabe por que estou aqui.

Assim que ele falou, Harry sabia que estava sendo frio e direto, mas ele também estava nervoso. Este não era o mesmo Harry que, havia apenas três meses, fora brilhante com Tom.

David encarou-o friamente.

— Você veio ver a aberração, o assassino, o monstro? O que você quer de mim, cidadão?

Um David defensivo e insolente, em seu macacão branco do corredor da morte, exigia uma resposta. Harry notou que o sorriso sacana começava a aparecer nos lábios do preso.

"Isso é inútil. Eu nem mesmo sei o que estou fazendo aqui", pensou Harry, mas controlou seu mau humor. Ele tinha me prometido que ficaria a hora completa.

— Eu lhe escrevi uma carta. Você respondeu. Pensei que poderia gostar da companhia. Me disseram que é bem solitário aqui.

— E quem lhe falou isso? Você também lê pensamentos? — provocou o prisioneiro HU245.

Eu sussurrei na orelha direita de Harry:

— A mãe dele quer falar.

Harry olhou à sua direita, fez um aceno de cabeça e repetiu no fone:

— Sua mãe quer falar.

O prisioneiro resmungou:

— É, foi por isso que respondi à sua carta. Eu queria ver que tipo de vigarice era essa. Está bom, "mãe", pode falar.

O médium fechou seus olhos, tentando ignorar as vibrações frias e pesadas flutuando ao seu redor. Ele murmurou uma quase inaudível prece pedindo a Deus que o protegesse enquanto ele abria a comunicação.

Um sorriso cínico se formou no rosto do preso enquanto ele provocava:

— E eu quero ouvir algo mais do que Davey Ondinhas.

— Sua mãe disse para lhe falar sobre a cicatriz que você tem bem aqui — disse Harry apontando para a parte interna de seu braço esquerdo.

— Isso está na minha ficha policial. Tente outra — desafiou o prisioneiro do corredor da morte.

Harry não se perturbou e continuou:

— Sua mãe disse que sente muito por não estar olhando você brincar com aquela tesoura quando tinha quatro anos. Isso não teria acontecido se ela tivesse prestado atenção.

O prisioneiro ficou quieto.

— Sua mãe diz que está sempre com você, até mesmo quando você chora até dormir.

Olhando por cima do ombro direito do prisioneiro, Harry acrescentou:

— E também uma outra mulher. Captei Bertha. Esse nome significa alguma coisa para você?

Harry estava com tudo. Sem dar a chance ao preso de responder, ele descreveu a outra pessoa:

— Ela está em pé ao lado da sua mãe. Usa um coque em seus cabelos louros. Ela está um pouco acima do peso. Eu fico ouvindo a palavra "tia". Diz que é sua tia. Ela criou você quando sua mãe morreu, não foi?

David não pronunciou nenhuma palavra. Ficou sentado em sua jaula respirando no telefone. Harry não estava olhando para o prisioneiro agora, ele estava concentrado em um ponto qualquer do espaço. Eu sabia o que Harry estava fazendo. Ele estava sendo dramático, tentando impressionar David com a solenidade da comunicação. Harry não precisava se concentrar ou fechar seus olhos e meditar: a mediunidade para ele era tão natural quanto respirar.

Eu sorri. Esse era o Harry que eu conhecia. Ele estava no controle agora, e eu estava aliviada.

— Sua mãe e sua tia estão me mostrando uma foto, eu acho que é você quando garoto. Engraçado... — o médium estava confuso. — Ela chama você de Davey Ondinhas, mas na foto você tem pelo menos três anos de idade e está totalmente careca. Tem idéia por quê?

David finalmente respondeu:

— Eu pedi que você viesse por causa desse negócio do Davey Ondinhas. Isso significa muito para mim. Não era um apelido ou algo assim. Quando eu tinha quatro anos, eu tive a minha cabeça raspada, piolho ou coisa do tipo. Eu me esgoelei de chorar, mas minha mãe disse que algum dia eu seria seu Davey Ondinhas de novo. Quando meu cabelo voltou a crescer, ela nunca mais me chamou de Ondinhas.

Harry disse que ela o chamou de Davey Ondinhas no tribunal.

— Era uma mensagem — explicou o médium. — Ela usou algo que só você e ela saberiam. É a mesma coisa com a fotografia. Ela quer que você confie em mim.

David olhou ao redor em seu cubículo. Claro que ele não viu, ouviu ou sentiu coisa alguma. Ele puxou o fone mais perto da boca e pediu timidamente:

— Você podia dizer um alô para mamãe e tia Bertie por mim?

Agora, foi a vez de Harry sorrir. Era a primeira vez que ele relaxava desde que entrou pelo túnel.

— Eu não preciso, elas podem ouvir você. — Ele riu e acrescentou: — Sua mãe diz que ela ouve quando você a chama durante a noite. Você a chama de Tootsie?

David fechou seus olhos e sorriu. Ele estava a milhões de quilômetros daquela prisão.

— É, era meu apelido para ela.

Harry passou adiante mais um pouco de informação:

— Bertie mandou lembranças. Ela também está com você.

O prisioneiro, com seus olhos ainda fechados, assentiu agradecida e humildemente. Como se estivesse com medo da resposta, perguntou:

— Elas estão bravas comigo?

Harry se derreteu. Eu vi isso em sua aura. Até aquele momento, ele estava sendo frio e profissional com o assassino. Porém nesse rápido instante, sua atitude mudou. Eu tive uma leve suspeita de que o próprio Harry tinha mudado um pouco também.

— David, eu sempre vou lhe contar a verdade, não importa qual possa ser essa verdade. Sua mãe está chorando e Bertie também. Elas não conseguem entender o que você fez. Elas dizem que isso não importa, as duas ainda amam você, mas elas estão, sim, muito, muito, muito desapontadas com você.

David esfregou nervosamente suas mãos em seu macacão branco. Por alguns momentos, ele evitou os olhos de Harry e ficou de cabeça baixa.

— O que você quer de mim? — perguntou David novamente. Mas o tom era diferente agora. O sarcasmo e o desafio sumiram, substituídos por uma confiança quase infantil.

Harry estava pronto:

— Eu quero mostrar a você que existe uma vida além desta. Eu quero provar a você, sem nenhuma sombra de dúvida, que toda vida, incluindo a sua, continua depois da morte.

O prisioneiro do corredor da morte estava com medo de fazer sua próxima pergunta, mas Harry se adiantou e a respondeu:

— Sim, David, você vai morrer. Eles vão vir até a sua cela, o carcereiro vai acenar e dizer "Chegou a hora" e você vai entrar naquela câmara. Você sabe que isso é inevitável.

O prisioneiro engoliu em seco e confessou que pensar sobre aquele dia futuro o assombrava diariamente. O médium disse para o prisioneiro não pensar naquilo por enquanto:

— Temos muito a fazer até lá.

David sentiu algum conforto com as palavras de Harry e ia dizer qualquer coisa, quando uma voz metálica os interrompeu:

— Faltam cinco minutos.

Harry prometeu que voltaria na semana seguinte e disse que iria dar ao guarda algum papel, selos e uma carta.

— Escreva para mim sobre qualquer coisa que quiser, coisas que nós podemos não ter tempo de falar aqui. A carta é importante, leia — disse Harry, quando um guarda apareceu ao seu lado.

— Só uma rápida pergunta — David pediu apressadamente quando dois guardas chegaram ao seu lado da cabine. — Por que você está fazendo isso?

Em pé, mas ainda segurando o fone, Harry sorriu:

— Eu lhe disse: sua mãe me pediu.

David acenou com a cabeça e desapareceu com os dois guardas.

24

Uma conversa com Harry sobre o oculto

Dorothy Heinz estava feliz. Harry tinha feito contato com David.

— Pelo menos ele tem alguém com quem conversar.

Dorothy sabia que seu filho estava literalmente sozinho no mundo, sem pai, sem irmãs ou irmãos. David era o último que sobrou de sua pequena família que vivia na Terra. O mesmo com amigos: os poucos que ele tinha não eram do tipo que visitam alguém no corredor da morte.

Quando deixamos a prisão, Dorothy seguiu conosco. Ela era insistente. A mãe queria que eu passasse um dia com David no corredor:

— Harry tem de saber como é lá. Não tenho como descrever, por favor.

Ela não sabia que eu já tinha, ainda que brevemente, visitado o corredor, mas eu tive de admitir que ela teve uma boa idéia. Eu não conhecia a rotina, e Harry, se iria ajudar David, precisava saber o que acontecia lá dentro.

Harry concordou.

— Se vou dar conselhos ou até mesmo ser seu amigo, eu deveria saber do que estou falando. A primeira vez que ele disser "Você não tem a menor idéia de como é aqui dentro", vou estar preparado — disse-me ele, com a voz cansada.

Eu estava preocupada com Harry. A experiência daquela manhã foi física e emocionalmente exaustiva. Médiuns não podiam deixar de se expor para todas as entidades, não apenas para as que estavam em comunicação com ele, e as que estavam naquela prisão eram devastadoras.

Prometi a Dorothy que eu iria, mas primeiro eu quis passar algum tempo com Harry. Juntos, nós dois andamos os cinco quarteirões de volta ao apartamento dele em silêncio. Quando chegamos, o médium se atirou em sua poltrona e perdeu o olhar no espaço.

— Esta foi difícil — disse em voz alta.

Perguntei a ele se havia alguma coisa que eu pudesse fazer.

Harry respondeu aos tropeços:

— Apenas me ouça. Eu preciso me livrar disso antes que isso acabe comigo. Há um clima pesado em todo lugar. Eu nunca senti nada assim. Você não tem idéia do frio em meu estômago. É como se tivesse uma grande pedra de gelo lá dentro.

O médium errava as palavras, lembrando da manhã dentro da prisão:

— Há tantos deles lá. Eu nem podia contar: assassinos, ladrões e estupradores, todos ex-prisioneiros que também morreram ou foram executados. Eles têm medo de sair de lá. São espíritos amargos, atados pelo ódio e medo.

Eu os vi, também. Eu vi "espíritos perdidos", com medo de sair da escuridão que construíram para si mesmos, e vi espíritos que, por causa de seu próprio ódio e infelicidade, mantinham aqueles "espíritos perdidos" lá.

— Você tem certeza de que não há nada que pode fazer para ajudá-los? — perguntou o médium, cansado.

Eu disse que não dependia de mim:

— Eles têm de querer ajuda. Nem eu nem qualquer outro guia pode se impor para eles. Nós estamos prontos, mas eles também têm de estar prontos.

Harry queria saber por que aqueles espíritos ficavam ao redor da prisão em que eles haviam sido presos.

— Nem todos os prisioneiros ficam assim como eles — expliquei. — Nem todo preso se agrega a essas alas. As entidades de Terrell podem ser divididas em duas facções: os não preparados, que morreram com ódio. Eles deixaram seus corpos físicos ignorando sua espiritualidade e sem saber do significado de seus atos. David pode se tornar um deles. O outro grupo é mais difícil de lidar. Eles sabem o que fizeram, quem são e não se importam. Eles se apegaram ao primeiro grupo, prendendo todos no inferno que construíram.

Eu lembrei a Harry da cena no quarto de Tom. Para ele, foi há quatro meses; para mim, foram apenas momentos.

— Os vultos estavam atraídos por Tom por causa de seu ódio, revolta e desejo de vingança. Eles estavam lá para recrutá-lo. Em sua vibração ignorante, estúpida e insignificante, eles vêem o Universo dividido entre a luz e a escuridão. Esses espíritos não entendem que eles são os mesmos que criaram e perpetuaram a escuridão. Por não estarem prontos para entrar na luz, eles se rebelam. Na verdade, eles pensam que são deuses, lutando para controlar o Universo. A arrogância e a presunção desse grupo são repletas de vaidades e ego.

Harry entendeu e me disse que, quando ele era mais jovem, ele leu muitos livros sobre ocultismo.

— Mas esta foi a primeira vez que senti isso.

— Esses espíritos são o oculto. Eles estão no outro lado da luz e são espíritos de ignorância, ódio, vingança e mesquinhez. Alguns dos idiotas na Terra os invocam pelos chamados rituais macabros.

Este era um assunto delicado para mim. Algumas pessoas confundem ocultismo e espiritismo. Eu vivia explicando as diferenças.

— Esses babacas simplesmente se afinam com o tipo de vibração que você viu em Terrell. Quando as pessoas praticam vodu, bruxaria, magia negra ou o seja qual for o nome que quiser dar, elas chamam essas vibrações e os espíritos que vivem ali. E esses espíritos prestam serviços. Eles ficam felizes em servir aos mais baixos pensamentos e intenções negativas. Mas eles são espertos. As pessoas na Terra pensam que controlam esses espíritos com seus rituais, sacrifícios e encantos. Mas o que acontece é o oposto: as pessoas na Terra se tornam escravas desses espíritos espertos e traiçoeiros. Na verdade — acrescentei — os babacas na Terra dão poder a esses espíritos inferiores, adulando-os e alimentando seus egos. De certa forma, é como prostituição. Se não houvesse nenhum cliente, não haveria prostitutas. Se não houvesse almas na Terra para adorar, reverenciar e homenagear esses espíritos levianos, talvez esses espíritos já tivessem encontrado seu caminho para fora da escuridão.

Harry perguntou-me se haveria redenção para essas almas.

— Claro! Há redenção para todos os espíritos. Ainda que eles estejam travados em suas vibrações divertindo-se e revelando sua ignorância e ego, a luz nunca está longe demais.

— É por isso — enfatizei — que é tão importante ajudarmos Tom e David.

A vítima e seu assassino são basicamente a mesma coisa, disse eu a Harry.

— Nós estamos lutando para mantê-los fora da escuridão.

Harry suspirou. Ele disse que estava se sentindo bem melhor e queria tirar uma soneca. Ele estava cansado, e ainda tinha de trabalhar durante o turno da noite no bar: um de seus funcionários telefonou avisando que estava doente.

— Estou pensando em vender o lugar — ele murmurou.

— Não ainda, Harry. Não agora. Ele ainda tem uma serventia — aconselhei.

25

Um dia no corredor da morte

Eu mantive minha palavra.

Juntei-me a Dorothy na pequena cela de concreto onde seu filho passava o que restava de sua vida. Eu sabia quando ele iria morrer, mas não revelaria a data a ninguém, nem mesmo a Harry. Havia muitas escolhas que David deveria fazer, mesmo vivendo atrás de tanto aço e concreto. Saber quando ele iria morrer poderia influenciar suas escolhas.

A rotina diária do corredor da morte era estruturada para limitar essas escolhas. No entanto, havia algumas coisas que nenhuma prisão consegue controlar.

Espíritos foram criados para aprender, evoluir e se desenvolver através de escolhas. É assim que é a vida, até mesmo no corredor da morte.

As escolhas estão à nossa volta. Mesmo numa tumba de concreto de pouco menos de dois metros quadrados, onde nunca bate sol. A evolução é possível, mesmo coberto por sessenta metros de terra e com contato limitado com qualquer outro ser humano.

Eu tinha de ver, então descreveria a Harry o que era uma vida sem luz. Havia muitos conceitos errados sobre o corredor, e, logo depois do primeiro encontro entre eles, David escreveu esta carta para Harry:

> *Se é assustador viver aqui? Depende.*
>
> *Saber que está cercado de homens muito perigosos, que matariam você por nada, não é a parte que assusta. Primeiro, porque nós temos muito pouco contato uns com os outros, e segundo porque só existem uns poucos deste tipo aqui.*

Você ficaria chocado ao ver o quão normal a maioria desses homens é.

Se é assustador saber que eu vou morrer? Com certeza. Ninguém quer morrer, mas, se eu estivesse vivendo em um mundo livre, eu morreria algum dia. Todo mundo está no corredor da morte tão logo nasce.

Eu penso na sala onde a maca espera que eu me deite. Eu sei que, quando minha vez estiver próxima, aquela sala vai ficar constantemente nos meus pensamentos.

No entanto, morrer não é a parte que me assusta. Eu vou lhe contar qual é.

É assistir a si mesmo jogado como lixo numa cela quase do tamanho de um banheiro. É estar trancado vinte e três horas por dia com nada para fazer e ninguém para conversar.

A parte assustadora é saber que eu nunca vou sair desta tumba de concreto. É meu lar, onde eu como, durmo e defeco pelo que ainda resta da minha vida. O tédio me deixa maluco. Tem vezes que eu desejo a "estaca".

Mas a parte realmente assustadora é saber que pessoas do lado de fora acham que isto está certo.

Cara, isso é assustador.

Eu passei um dia inteiro observando a rotina angustiante que era o mundo de David.

Três da madrugada. Café da manhã. Luzes acesas, o dia começa. Uma bandeja de plástico é enfiada através de uma pequena abertura na parte debaixo da porta dupla de aço. David come do lado de sua cama, a um metro da privada.

Cinco da manhã. Guardas recolhem a bandeja do café da manhã e a correspondência. David não tem ninguém para quem escrever; a única coisa que ele põe para fora da abertura da porta é um desjejum comido pela metade.

Seis da manhã. Troca da guarda. Este turno começa com todas as luzes acesas exigindo de cada prisioneiro seu nome e número.

Sete da manhã. Uma hora de recreação. O prisioneiro é levado, algemado e acorrentado, para uma outra sala de concreto sem janelas. Esta é um pouco maior que sua cela e tem uma cesta de basquete. Algumas vezes, existem dois ou três outros prisioneiros lá. A menos que ele tenha um visitante, esta é a única hora do dia que o preso deixa sua cela.

Dez da manhã. Almoço.

Onze da manhã. A bandeja do almoço é recolhida.

Meio-dia. Chuveiro, dia sim, dia não. Dez minutos algemado sob o chuveiro.

Uma e meia da tarde. Mesmos guardas, mesmo turno. Todas as luzes são acesas novamente, nomes e números dos presos são checados.

Duas da tarde. Mudança de turno, novos guardas, todas as luzes acesas e nomes e números checados de novo.

Quatro da tarde. Jantar.

Cinco e meia da tarde. Bandejas do jantar são recolhidas.

Sete da noite. Guardas fazem a ronda, desta vez com uma equipe de limpeza, varrendo e esfregando os corredores do lado de fora das celas.

Oito e meia da noite. Distribuição de correspondência.

Nove e meia da noite. Guardas acendem todas as luzes, checam nomes e números novamente.

Dez da noite. Troca de turno, guardas acendem todas as luzes e acordam quem estiver dormindo para checar nomes e números de novo.

Onze e meia da noite. Guardas fazem a ronda, de novo com faxineiros varrendo os corredores.

Meia-noite. Os guardas, três vezes por semana, recolhem e trocam cuecas e meias.

Três da madrugada. Um novo dia começa, outra vez.

Dia após dia, hora após hora, a monotonia torturante nunca muda. Mesmo nos dias de execução, que têm se tornado mais freqüentes, a rotina nunca varia.

Mas as escolhas disponíveis para cada um dos quatrocentos espíritos no corredor da morte estão sempre lá.

26

Uma fuga da prisão

Onde é o mundo espírita? Não é num lugar qualquer específico. Está ao seu redor, separado apenas por vibração e freqüência. Ao seu lado, espíritos estão brincando, trocando idéias, rindo e fazendo piadas. Nós cuidamos dos nossos negócios, sem sermos vistos por você.

Tom se ajustou numa vibração. Felizmente, ele não voltou para seu quarto em Houston, mas se recolheu em si mesmo, encontrando uma vibração onde ele conseguia lidar com seu ser interior.

Ele queria distância dos outros espíritos, então seus pensamentos lhe deram espaço. Ele queria estar sozinho, e seus desejos lhe deram solidão. Na realidade, Tom não estava longe de ninguém. Havia muito acontecendo ao seu redor, mas, separado por vibração e freqüência, ele nada via.

Tom construiu esta realidade com seus pensamentos, da mesma forma que você na Terra vê o mundo através dos filtros e preconceitos de sua mente. Ele, com seus pensamentos, construiu uma realidade onde ele estava confortável.

Na sua realidade, havia noite e havia dia.

Na sua realidade, havia tempo.

Na sua realidade, ele sentia dor, tristeza e mágoa.

Na sua realidade, ele sentia humilhação.

Na sua realidade, ele tinha um quarto, uma cadeira e uma mesa. Nada mais e nada menos.

Eu lhe assistia a distância, tentando achar um meio de ajudá-lo. E, enquanto o observava, eu estava surpresa com as similaridades entre Tom e David. Os dois viviam em prisões.

David era um prisioneiro físico em uma tumba de concreto.

Tom era um prisioneiro de si mesmo.

David vivia na torturante e interminável mesmice do corredor da morte.

Tom vivia no interminável ciclo de seus pensamentos, rangendo os dentes em sua humilhação, frustração e o que mais poderia ter.

Todos nós, de certa forma, vivemos em prisões que criamos. Como Tom, nós vemos a realidade com nossos egos, vaidades e preconceitos. Cada um é um prisioneiro de seus medos, decepções e raiva.

Eu decidi me convidar à prisão de Tom. Nós fizemos algum progresso, mas obviamente ainda havia muito a ser feito.

— Oi. Esteve pensando sobre o que conversamos? Você pode perdoar seu próprio filho?

Eu entrei sem bater. Aprendi isso com Bob. Estava tentando deliberadamente entrar em seus pensamentos. Se eu pudesse fazer isso, poderia penetrar em sua realidade e quebrar o ciclo de autopiedade que Tom construiu ao seu redor.

Sem olhar diretamente para mim, ele reclamou da minha falta de educação.

— Nem bom dia, como vai? Não tem tempo nem para a cordialidade básica desta vida, Maryanne? — perguntou, sarcástico.

Eu não estava aqui para discutir, mas era hora de colocá-lo contra a parede. Eu ignorei seu gracejo e continuei pressionando:

— Tem algo que eu não entendo. Para ir direto ao assunto, você sabe que está morto. Você também sabe que Jessica e Elizabeth estão aqui.

Eu disse a ele que estava surpresa, para não dizer chocada, que ele não tivesse vontade de vê-las.

— Na verdade, você as está impedindo de vir vê-lo. Eu não entendo. Quando minha mãe chegou, eu fui a primeira a abraçá-la e confortá-la.

Ele respirou profundamente, pôs-se de pé e olhou-me direto nos olhos. Ele estava pronto para explodir comigo. E era exatamente isso que eu queria. Já estava cansada de vê-lo se arrastar em sua vala particular de autopiedade.

— O que você pensa que eu sou? Um robô sem emoções?

Primeiro, eu descubro que minha esposa foi estuprada e morta. Depois, eu vejo minha filhinha ter o crânio aberto por um tiro na minha frente e a única coisa que faço é mijar nas calças.

Eu tinha esperança: ele estava admitindo que a humilhação o estava triturando por dentro.

Do nada, ele falou sobre seu retorno ao quarto de Houston. Era óbvio que vinha fazendo uma demorada introspecção e, apesar de irritado com minha falta de educação, ele queria conversar.

— Eu queria achar o assassino. Eu tinha de me resgatar. Para ser franco, eu queria me recompor como um homem, um marido e um pai.

— Mas o assassino não estava lá. Ao invés disso, eu acho um amigo seu. Ele me convence a não desperdiçar meu tempo, pois o assassino não vai chegar. Eu ainda não sei se eu o ouvi porque ele estava certo, ou se porque, mais uma vez, eu estava com medo.

Eu decidi não o interromper. Ele estava tirando um grande peso do peito, e eu não quis interferir.

— Então, você me leva a um passeio mágico e misterioso. Nós viajamos para alguma galáxia, muito, muito distante — ele parodiava ironicamente a abertura de um filme famoso. — Você me mostrou que, porque eu já fui um sacana sem sentimentos, criei um monstro que destruiu minha família. Agora, você tem a coragem de me perguntar por que eu não quero vê-las! Como eu poderia? Não acha que eu não tenho saudade? Eu estou morrendo para saber como elas estão e sinto falta de ouvir suas vozes.

— Mas você ainda não me respondeu. Pode você perdoar seu filho? — pressionei, não para deixá-lo fugir do assunto.

Eu não podia deixar que ele bancasse a vítima para sempre, e não era hora de sentir pena dele.

Tom olhou-me como um coelho encurralado procurando por um jeito de fugir. Ele não achou. Esperou para ver se eu recuaria. Eu não faria isso, e ele percebeu que eu não iria embora sem uma resposta.

— Não pense que está acabado, Tom. A resposta imediata, a resposta instintiva é a que vale. Não está maquiada pela razão, lógica, segunda análise, manipulação ou intenções. Tom, pode você perdoar seu filho? — bati na mesma tecla, novamente.

Ele respondeu imediatamente.

— Sim, droga, eu posso. Estou arrependido por ter sido tão ruim. Eu não tinha a intenção de lhe causar dor.

As lágrimas corriam soltas, enquanto Tom me dava as costas e implorava que eu o deixasse sozinho.

Seus soluços ficaram mais fortes e sacudiam todo o seu ser. Cheguei mais perto e abracei o espírito trêmulo. Suavemente, eu lhe disse que só havia mais uma coisa que ele tinha de fazer.

Ele conteve as lágrimas e choramingou:

— O que mais você quer de mim?

— Quero que perdoe a si mesmo — foi tudo que eu disse.

27

David lê a carta

Um guarda entregou a carta de Harry e selos na cela de David no dia seguinte. O prisioneiro leu e releu cada página várias vezes porque cada sentença falava diretamente com seu íntimo. Ele agradeceu sua mãe em voz alta por ter trazido Harry Clark até ele.

David Heinz agora era um crente. Depois da visita do dia anterior e das mensagens que Harry trouxe, ele agora prestava grande atenção a cada palavra que o médium havia escrito:

> *...a fé em uma vida após a morte é comum em quase todas as religiões. Nós, espíritas, simplesmente provamos isso. Na verdade, o que nós cremos não é muito diferente daquilo que a maioria das tão famosas religiões pregam. Mas o espiritismo é mais que uma religião, é uma filosofia que nos ajuda a viver nossas vidas diariamente e é uma ciência que prova nossas crenças.*
>
> *Nós acreditamos em Deus, mas, se você perguntasse a todos os espíritas o que eles pensam que é Deus, você receberia uma resposta diferente de cada um. Porém em todas as respostas eles teriam uma linha em comum: Deus é uma força sempre presente e positiva no Universo. Não nos importa o que você chama de Deus: Inteligência Infinita, Mãe, Pai, Deus. Todos são o mesmo. Assim, nós cremos em sua Infinita Inteligência e nós cremos que fomos criados à sua imagem e semelhança. Você, eu e todos somos o Espírito. E o Espírito é Deus.*

Estudando as palavras na luz fraca de sua cela, o assassino começou a entender o que o médium queria dizer, quando ele dizia que queria ajudar David a entender as conseqüências de seus crimes:

Espíritas sabem que a existência e identidade de cada indivíduo continua depois da mudança chamada morte.

Nós cremos que a mais alta moral está contida na Regra de Ouro: "Faça aos outros o que faria para você". Nós cremos que nós fazemos nossa felicidade, ou infelicidade, quando obedecemos ou desobedecemos a essa simples regra.

Além disso, David, não pense que você está pagando integralmente pelos seus atos. Seu confinamento em uma cela esperando morrer é apenas uma prestação. Você está provando da justiça terrestre, mas, David, há conseqüências cósmicas e espirituais que você vai ter de enfrentar. Nós chamamos isso de carma. Eu tenho certeza de que você já ouviu esta palavra antes, mas ela é tão mal compreendida que quero que você esqueça tudo que ouviu sobre ela.

David riu. Sempre lhe diziam, quando algo de ruim acontecia, que aquilo era carma ruim. Ele sempre associou o carma com sorte, sina ou destino. O que Harry dizia era completamente diferente:

Imagine um professor chamado Carma. Esse professor lhe dá lições de acordo com o seu comportamento.

"Hum", Carma poderia pensar, "David tem mostrado completo despreparo para matemática. Vou lhe dar mais lições de casa de matemática. David não entende história. Mais páginas e datas para decorar."

Este professor chamado Carma é diferente de outros professores: ele não vai passar você de ano até que esteja pronto. O professor Carma não se importa com nada, a não ser se você aprendeu o que devia aprender. Só então ele deixará que você se forme, nem um segundo antes.

David estava particularmente intrigado quando Harry disse que aquele professor não era vingativo ou rancoroso.

O professor Carma é neutro e sem paixão. Ele age e reage conforme suas ações. Mas esse professor também é sensitivo, porque ele reage de acordo com suas intenções, que muitas vezes são diferentes das que nós pensamos ser.

O prisioneiro à espera da morte refletiu sobre aquela carta durante muitas horas em sua cela de concreto. Sem saber o que estava fazendo, David meditou em algumas passagens, instintivamente. Sentado no chão de sua cela, David pensava nas palavras que Harry escreveu:

Tudo ao seu redor é o carma: sua cela, os guardas e a mesmice de seus dias, que passam agonizantemente lentos. Aprenda com isso, este é um estágio de sua vida interminável.

Aprenda com sua solidão. Aprenda com a crueldade. Analise a rudeza dos guardas, a prisão. Aceite a responsabilidade por suas ações e intenções. Procure dentro de você e encontrará a resposta. Nós, espíritas, sabemos que não há danação ou castigo eterno, apenas evolução.

Harry lembrou a David que ele era um privilegiado por ter a prova da vida após a morte. O médium disse ao preso que havia forças no Universo olhando por ele.

Esta prova foi-lhe dada não como conforto, diversão ou ameaça. Você agora sabe que, se sua mãe e tia vivem, assim será com você. Também quero que saiba que você e todo o resto do mundo viveram na Terra antes, e vai viver novamente.

Não estou dizendo isso para que tenha menos medo do dia em que vai para a câmara. Eu estou dizendo isso porque eu quero que pense. Eu provei que sua mãe e tia estão vivas.

E sobre Tom Phillips? Ele está vivo? Certamente que sim. O homem que você assassinou é também um espírito e continua vivendo. Assim como Elizabeth, a mulher que você estuprou, e Jessica, a menininha em quem atirou na cabeça. A família está viva porque eu os vi, da mesma forma que vi e falei com sua mãe e tia.

Eu falei com Tom. Ele está vivo. Não estou dizendo isso para assustar você. Acho que você já está com medo o suficiente. Estou contando a você para que, a partir deste momento, você viva cada dia sabendo que você e todos à sua volta continuam vivendo.

Viva sabendo que tudo que nós fazemos, dizemos e sentimos nos segue até a próxima vida. Aprenda que você pode deixar muita coisa para trás. Deixe seu ego, arrogância e raiva para trás. Na noite em que o carcereiro vier e disser "Chegou a hora", deixe-os na cela e leve com você a certeza da vida.

David estava assustado com aquelas palavras, porque ele sabia que elas eram verdadeiras. Harry provou toda e cada uma delas. No entanto, ele estava também perturbado com uma outra coisa.

Até aquele dia, quase um ano depois dos assassinatos, ele ainda não sabia por que tinha matado aquelas pessoas. Ele procurava por um motivo durante as frias e silenciosas noites em sua tumba de concreto, mas o motivo lhe escapava.

Havia um outro pedaço de papel em sua cela, além da carta de Harry. Ele leu aquele papel apenas uma vez. Sua primeira apelação, que era automática pela lei do Texas, tinha sido rejeitada.

A carta, escrita por um advogado designado a ele pelos tribunais do Texas, deixava claro que aquilo era rotineiro. O advogado garantia que iria perseguir agressivamente todas as opções legais que ainda tinham.

— Nós podemos levar isso adiante por no mínimo três ou quatro anos em apelações — escreveu o advogado.

"Apelar para quê?", pensou o prisioneiro. "Eu sei que sou mais do que culpado."

David, com isso em mente, escreveu uma carta para Harry. Naquele momento, ele estava apenas interessado em um apelo. Ele fez a Harry uma simples pergunta: Por quê?

E naquela noite ele perguntou a si mesmo, como ele havia feito desde que tinha chegado ao corredor da morte, por quê.

28

Os ecos do por quê

Os agonizantes "por quês" da lamentação de David ecoaram além das grossas paredes de concreto de sua cela e flutuaram através dos sessenta metros de terra texana que soterravam o corredor da morte de Terrell.

Seus pensamentos vibraram no tempo e espaço do Universo e foram sentidos e ouvidos pelo Criador. A força que é Ele registra todas as nossas preces, esperanças e medos. Aquela força encaminhou as vibrações de David de volta para aqueles que faziam o trabalho da Criação e que estavam prontos para ouvir o choro agonizante de um assassino.

Eu senti o eco. Assim como Harry.

E assim como Tom. Estes espíritos, Tom e David, estavam afinados um com o outro. Eles tinham entrelaçado tanto seus destinos e vidas que Tom, deste lado da vida, sentiu a vibração de David. Como ele reagiria a essas vibrações seria uma escolha dele, eu não podia interferir.

Nós dois chegamos ao apartamento de Harry, onde o médium tirava uma soneca. Devo admitir: o apartamento melhorou consideravelmente desde minha última visita. Apesar de a decoração ao estilo Exército da Salvação ainda ser uma regra, ele estava, ao menos, dormindo em lençóis limpos. A poltrona torta sumiu e a cozinha agora estava própria para se comer lá dentro.

Harry estava mudando de acordo com esta missão, gradualmente desmanchando o casulo que teceu ao seu redor. Seu mundo estava agora mais amplo do que seu bar decadente e seu apartamento surrado. Lentamente, Harry Clark estava se encontrando, porque, pela primeira vez em muitos anos, ele estava indo além de si mesmo.

Tom, ao meu lado, também estava começando a se aventurar fora da realidade protetora que havia criado para si mesmo.

Os ecos que se originaram há um mês da cela subterrânea em Terrell nos trouxeram aqui neste quarto num apartamento a apenas cinco quarteirões da prisão.

Harry agitou-se. Ele já havia sentido nossa presença. Ele rolou sobre sua cama e deu uma olhada no relógio sobre o criado-mudo. Eram quatro e meia da madrugada e lá fora estava escuro. Porém não era necessário acender as luzes do quarto, porque Harry podia nos ver parados ao pé de sua cama.

— Vocês nunca dormem? — reclamou enquanto se sentava na cama.

Tom respondeu dizendo que passou ali para um sanduíche de salame. Harry riu sem vontade e perguntou o que nos levava ao seu quarto naquela maldita hora.

— Se são apenas vocês dois, não é o suficiente para um jogo de pôquer — acrescentou, sarcasticamente.

— Tom queria falar com você — respondi, passando a bola para Tom.

— Primeiro — começou o espírito, timidamente — eu queria agradecer pelo que fez por mim em Houston.

Tom não estava acostumado a falar com pensamentos e estava tendo algumas dificuldades na comunicação com o médium. Harry lhe deu um aceno encorajador, e Tom continuou, aos tropeços.

— Eu sei do que você me salvou — começou ele, mas Harry o interrompeu, dizendo que tudo que fez foi ajudar Tom salvar a si mesmo.

Tom deu de ombros e disse que Harry fez todo o trabalho, principalmente com os vultos.

— Você deixou claro para mim sobre o que eles eram. Eu só queria dizer obrigado.

O médium brincou, falando com voz de sono que Tom não precisava tê-lo acordado só para agradecer.

— Deve ter mais alguma coisa em mente — atalhou Harry.

O espírito despejou:

— Maryanne disse que você visitou o assassino na prisão.

Harry lançou-me um olhar preocupado, mas eu o tranqüilizei:

— Ele está pronto.

Harry fez um sinal para que Tom continuasse.

— Quero ir com você na próxima vez. Quero falar com ele através de você.

— Sobre o quê? — sondou Harry.

— Sobre o porquê. Eu quero explicar a ele sobre o porquê — respondeu Tom.

Harry olhou para o relógio. Eram cinco da manhã. Pousada perto do relógio, no criado-mudo, havia uma carta de três páginas.

— É sobre isto? — perguntou, sacudindo os papéis com a mão. — É uma carta de David. Eu a recebi semana passada. Estava imaginando como ia respondê-la.

Acenei com a cabeça e, poucos momentos depois, Tom calmamente pediu:

— Eu gostaria de ser quem vai responder a ele.

Harry encarou-me, com um olhar de "o que vamos fazer agora?" em seu rosto. Tudo que pude fazer foi repetir o que eu já tinha dito:

— Ele está pronto.

— Bom, eu não sei quanto a vocês dois — Harry deu de ombros —, mas, já que estou acordado, acho que vou fazer um pouco de café. Parece que este vai ser um longo dia. Nós — e seu olhar incluía a mim e Tom — temos um longo dia pela frente. Temos de estar na prisão às onze. Acho que vou levar um novo visitante comigo hoje.

29

O porquê

Nós três nos dirigimos à prisão; Harry a pé, Tom e eu pairando ao lado dele. Era uma caminhada de apenas dez minutos, mas um Harry agitado deixou seu apartamento às dez e meia explicando que queria andar um pouco "para se preparar" para o que ele pensava que seria um "dia interessante".

Ele ficou mais apreensivo quando confessei que não tinha a menor idéia do que Tom iria dizer.

— Você disse que ele estava pronto, Maryanne! — reclamou Harry. — Eu estou entrando em uma prisão de segurança máxima, me colocando entre um assassino e sua vítima, e você não tem uma pista sequer sobre o que a vítima vai dizer. O que está acontecendo aqui?

Andando pela larga avenida que levava à prisão, tentei acalmá-lo e destaquei como nós não poderíamos nos meter no que estava para acontecer:

— Eu não posso interferir. Tom está aqui por opção, e o que ele disser é lá com ele.

Lembrei a Harry sobre o livre-arbítrio e como era uma das partes do meu trabalho não ficar no caminho.

— Nem você — afirmei energicamente. — Você precisa repetir palavra por palavra o que Tom disser.

Tom, ao meu lado, ouviu nossa discussão, mas permaneceu em silêncio. Harry olhou para ele e cutucou:

— Então, amigão, o que você tem a dizer? Em alguns minutos, você vai estar no palco central.

O espírito sorriu e simplesmente disse:

— Como Maryanne falou, eu estou pronto.

— Bom, isso é ótimo! Todos estão prontos, exceto eu! — espumou o médium. — Como eu disse, parece que este vai ser um dia para lá de interessante!

Não pude deixar de pensar em como Harry estava certo.

Nós três chegamos ao portão principal. Fomos recebidos pelos rolos de arame farpado brilhante que rodeavam a prisão. O túnel para o corredor da morte estava bem à nossa frente.

— É como olhar dentro de um abismo — comentou Harry.

Eu me lembrei de responder:

— E o abismo está olhando de volta.

Na primeira checagem, o guarda que fazia a revista perguntou ao médium se ele estaria em seu bar na noite seguinte.

Harry não pensou duas vezes na pergunta; o guarda era um freguês habitual. No entanto, quando Harry fez que sim com a cabeça, o guarda disse que ele ia passar por lá por volta das onze da noite e sussurrou:

— Vou estar com alguns amigos.

Harry não sabia como encarar aquilo: era uma ameaça ou um simples bate-papo? Aquele era o mesmo guarda que, meses antes, quando Harry fez sua primeira visita, disse que, se dependesse dele, ele ignoraria todas as apelações e executaria os assassinos condenados imediatamente.

Harry agradeceu ao guarda com um "Vejo você amanhã, Bill". Mas eu vi uma nuvem de preocupação se formar em seu rosto. Aconselhei Harry a manter sua mente no trabalho que tinha pela frente.

Nós estávamos agora na segunda checagem, quase quinze metros sob o solo. O ar parado me lembrou a câmara da morte que visitei um ano antes. Outra vez, Harry foi revistado e ordenado para que tirasse tudo de valor e objetos de metal de seus bolsos.

— Você já conhece a rotina, Harry — brincou o guarda; aquela era a décima visita de Harry.

Finalmente, depois de passar pelo detector de metais, fomos conduzidos à sala de visitas. Harry tomou seu lugar no banco de madeira e esperou David aparecer no outro lado do vidro a prova de balas.

Do lado de lá da proteção de vidro, a porta finalmente se abriu e David entrou. Ele estava no corredor da morte havia quase um ano, mas ironicamente eu nunca o vi com melhor aparência.

Ele não era o matador cruel, provocante, arrogante de olhar selvagem que eu encontrei no quarto de Tom.

Sumiu o pedantismo, o sorriso sacana do réu sem arrependimentos do tribunal de Houston. Este era um David diferente sentado atrás do vidro: mais magro e pálido, mas uma pessoa em paz consigo mesma.

Harry e David se cumprimentaram pelo fone e iniciaram a hora da visita.

O médium puxou a carta dobrada do bolso de sua camisa. David assentiu e disse que estava feliz por Harry tê-la trazido. Havia muitas questões para as quais precisava de respostas. Harry levantou uma sobrancelha e garantiu que eles teriam todas elas.

— Mas eu também tenho algumas perguntas — declarou Harry.

David acenou e disse a Harry para continuar:

— Eu não tenho nenhum outro compromisso pendente para agora — disse sorrindo.

Harry limpou a garganta e começou a ler as páginas à sua frente.

> *Quero tirar isso da garganta. Eu nunca neguei ter matado aquelas três pessoas, e, apesar do que meu advogado me mandou dizer, eu sabia exatamente o que estava fazendo. Eu não estava sob o efeito de drogas, eu estava de ressaca depois da tarde toda numa bebedeira. Eu estuprei a mulher depois a estrangulei. Peguei o endereço na sua carteira de motorista, dirigi até sua casa e atirei numa menina de três anos de idade. Que tipo de pessoa eu sou? Eu não sei. Eu preciso de uma resposta.*

David ouviu sem demonstrar qualquer emoção enquanto Harry lia suas próprias palavras para ele.

À esquerda de Harry, Tom ouvia em silêncio.

> *Eu odiei o cara imediatamente, o marido. Tom Phillips. Eu não sei por quê, mas, assim que arrebentei aquela porta,*

eu pensei comigo: "Eu vou me divertir um pouco com esse cara". Eu o provoquei, humilhei e depois o matei. Por quê? Eu fico me perguntando: por quê?

David se ajeitou nervosamente na cadeira e Tom encarou indiferentemente o homem atrás da proteção de vidro. Até aquele momento eu estava intrigada, mas finalmente percebi o que Harry estava para fazer. Ele não estava lendo para agradar David. O médium estava lendo para Tom, que não tirou seus olhos de David desde que o prisioneiro passou pela porta. Tom prestou muita atenção em toda e cada palavra que Harry leu.

O médium continuou:

Eu tenho muito tempo para pensar sobre mim e sobre minha vida aqui. Isso é um tipo de vantagem na desgraça. Eu sei o que eu fiz e nunca imaginei que eu fosse capaz de praticar atos tão monstruosos. Entre as checagens de nome e número, trocas da guarda, e qualquer bobagem que esses caras inventam, eu penso sobre aquela noite. Deus, se eu pudesse voltar atrás!

A carta continuava. Procurei por alguma reação em Tom. Não havia nenhuma.

Harry, você uma vez me disse que eu deveria aceitar a responsabilidade por meus atos. Eu aceito. Eu aceito. Eu aceito. Do fundo da minha alma, eu aceito. Foi por isso que cheguei a esta decisão: disse ao meu advogado para cancelar todas as apelações. Eu não o quero imaginando modos de postergar o inevitável. Ele não deveria se preocupar. É muito mal pago pelo Estado.

O médium olhou para David aguçadamente, tentando descobrir o que ia pela mente do prisioneiro.

— Você contou ao advogado sobre isso? — questionou Harry.

— Por carta — foi a resposta curta de David.

Harry suspirou e colocou a carta de lado.

— Eu tenho uma pergunta — disse calmamente. — Por que está desistindo de suas apelações? Você está tão desesperado, solitário e aterrorizado que prefere a morte a outros cinco ou seis anos dentro daquele cubo de concreto?

Harry informou que tinha ouvido histórias sobre prisioneiros, na beira do desespero e loucura, que desistiam de suas apelações, escolhendo a morte ao invés de sequer um dia a mais nas entranhas de Terrell.

Isso era verdade. Nos últimos cinco anos, quinze condenados abandonaram seus direitos legais e se apresentaram como voluntários para execução, para não viver mais um ano naquele cotidiano escuro, sem sol e sombrio no corredor da morte do Texas.

O médium, afagando seu queixo e concentrado em David, disse em voz baixa:

— Se este for o caso, é suicídio. Você estaria terminando voluntariamente sua vida e, meu amigo, se você acha que tem um carma agora, você não tem idéia do que um suicídio traz!

Tom prestou muita atenção à resposta de David. Assim como eu. E David, sem tirar seus olhos de Harry, calmamente falou sua resposta no fone:

— Harry, eu não quero morrer e tenho medo de viver outros cinco ou dez anos no corredor enquanto alguns advogados levam o meu caso de tribunal em tribunal. Eu devo admitir: isto não é vida. Isto não é nem mesmo uma existência. O estado do Texas está me deixando em um armazém subterrâneo até que seja a hora de injetar um coquetel de veneno nas minhas veias.

David fez uma pausa e olhou em volta no seu estreito cubículo. Seus dedos tremeram levemente enquanto ele procurava por suas palavras.

— Você não tem idéia de como isso é: sem sol, sem ar fresco, eu não vejo a cor do céu há um ano. Mas, Harry, você disse uma coisa que fica se repetindo o tempo todo na minha cabeça. Você disse: "Se sua mãe e sua tia vivem, então é assim com todos nós. É assim com Tom Phillips, sua esposa e filha". Harry, eu quero assumir a responsabilidade pelo que fiz.

David puxou o fone mais perto de sua boca e sussurrou suas próximas frases:

— Eu não estou me enganando ao acreditar que vou para um lugar melhor. Eu sei que a morte não é uma fuga. Então a resposta para sua pergunta é não. Minhas intenções não são de fugir do inferno em que vivo. Eu quero enfrentar a mim mesmo.

Harry olhou para sua esquerda, onde estava Tom. Nem Harry nem eu podíamos adivinhar o que ele iria dizer. Sua aura não mudou desde que chegamos. Ele estava calmo, controlado e sem expressão. Acho que de certa forma ele era como David: esse espírito já tinha decidido o que ia dizer e ninguém iria convencê-lo a mudar de idéia.

David esperou que Harry dissesse alguma coisa. Ele viu Harry olhar para sua esquerda, depois para sua direita, onde eu estava. Claro, David não viu o que Harry viu, mas David estava acostumado com Harry e sabia que alguma coisa estava por vir.

O médium estudou o rosto de David demoradamente. Ele, como eu, viu as mudanças naquele homem. Mais uma vez, ele se voltou para Tom e de novo para David. O médium olhou para o fone em sua mão e sacudiu a cabeça. Por um segundo, eu achei que Harry iria pôr o fone no gancho e ir embora.

Ao invés disso, ele levantou seus olhos para David e disse suavemente:

— Eu tenho aqui alguém que quer falar com você. Ele me acordou às quatro e meia desta manhã dizendo que queria responder a suas perguntas. Eu sei quem ele é, David.

O médium fez uma pausa e respirou profundamente.

— Seu nome é Tom Phillips.

Eu vi os pêlos negros nos braços pálidos de David se arrepiarem. Agora foi a vez dele de tomar fôlego. Seu queixo caiu e seus olhos se agitaram. Ele sussurrou roucamente no bocal:

— Eu não sei o que dizer.

Tom falou enfaticamente no ouvido de Harry. Ele falava tão depressa que Harry fez um gesto, sinalizando para que fosse mais devagar.

— Ele disse que você pode começar dizendo que está arrependido. Ele sabe o que você escreveu naquela carta, mas a carta era para mim. Ele quer que você diga aquilo para ele — Harry repetia energicamente o que Tom ordenava.

David suspirou. Era um suspiro carregado com o peso que ele sentia em seu espírito.

— Claro que eu me arrependo. Eu não sei o que dizer, eu não sei por que fiz aquilo. — Agora era a vez de David de vomitar palavras sem parar. — Eu penso nisso todos os dias e todas as noites. Não consigo tirar você, sua mulher e sua filhinha da minha cabeça. Eu me arrependo de tudo.

Lágrimas rolaram pelas bochechas de David, mas Tom olhava tão impassível e sem emoção quanto quando ele chegou.

Harry lançou um olhar para mim quando passou as próximas palavras de Tom.

— É um pouco diferente agora, sem uma arma na sua mão. O que aconteceu com toda a sua coragem? Mas você não tem de ter medo, eu não posso fazer nada contra você... ainda. Ainda com pressa de vir para o meu lado?

Harry estava preocupado. Assim como eu. Aquilo não estava indo bem. Mas, curiosamente, não havia revolta, ódio ou vingança na aura de Tom. Eu fiquei imaginando o que podia estar acontecendo.

David poderia encerrar a visita no momento em que quisesse. Tudo que ele tinha a fazer era apertar um botão e dois guardas abririam a porta de trás do cubículo. Em uma questão de minutos, ele estaria de volta à sua cela. E, apesar de estar à beira do pânico, David não apertou nenhum botão. Ele não procurou o refúgio de sua cela de concreto. Ele queria ficar e ouvir tudo que Tom tinha para dizer.

Atrás de David, eu vi Dorothy. Ela levou um dedo aos lábios, sinalizando para Harry que não queria que seu filho soubesse que estava presente.

— Ele terá de fazer isso sozinho — declarou ela.

Protegido atrás do vidro, David estava perdido. Várias vezes ele começou a falar, mas não conseguia encontrar as palavras. Tom, por outro lado, tinha o bastante para dizer.

— Você sabe o que fez? — repetia Harry. — Você exterminou uma família feliz e amorosa em uma questão de horas. Quando você diz que quer assumir a responsabilidade por seus atos, pense no que eu vou lhe dizer agora.

O prisioneiro estava suando. Harry e eu podíamos ver sua transpiração brotando no macacão branco do corredor da morte. Ele envolvia todo o fone com sua mão direita, com medo de ouvir e com medo de deixá-lo cair.

— Não tenha medo de mostrar que você tem medo.

Enquanto falava, um sorriso de cumplicidade passou pelos lábios de Harry.

— Não tenha medo de sentir medo. E não tenha vergonha de admitir que você é fraco, solitário e assustado. Se você fizer isso, não vai se sentir impotente outra vez.

Harry me olhou e acenou com a cabeça. Assim como Dorothy. David, ainda segurando o fone, enxugou as lágrimas de seus olhos.

Tom ainda não havia acabado. Harry fechou os olhos e, numa enxurrada de palavras, passou adiante tudo que Tom queria dizer.

— Harry falou a você sobre este lado, mas há muito mais para saber. Claro, eu estou com raiva, mas estou aprendendo como ter raiva. Se você quiser, nós podemos usar nossa raiva para aprendermos um com o outro. Eu sei que você está arrependido. Não posso esquecer o que aconteceu, mas eu posso perdoar você. Nós dois nunca vamos esquecer aquela noite, e essa lembrança será parte de nós para sempre. Quando você chegar aqui, vai entender que nós dois compartilhamos memórias de outras noites e dias também.

David pediu a Harry se ele podia perguntar como Elizabeth e Jessica estavam. Tom ouviu a pergunta e respondeu.

— Eu soube que elas estão bem. Não tive coragem de vê-las. Estou muito envergonhado.

Harry passou adiante.

David, não se incomodando mais em falar através de Harry, ficou chocado.

— Do que você está envergonhado? Você não fez nada errado, por Cristo.

— Eu mijei nas minhas calças, lembra? Eu deveria ter tentado reagir, mas eu estava muito assustado. Eu não tive coragem para ao menos tentar defender minha garotinha.

David, entre lágrimas, disse suavemente:

— Não tenha vergonha de sentir medo. Não tenha medo de se sentir aterrorizado. Nós todos estamos. Eu vivo todos os dias em um pânico desesperado pelo que resta da minha vida. Não tenha medo de admitir que você é fraco. Foi preciso muita coragem para você vir até aqui, cara — finalizou ele, emocionado.

Harry estava maravilhado com a conversa. Assim como eu. E nós ficaríamos mais maravilhados ainda com o que aconteceria a seguir. Tom chamou a atenção de Harry, e Harry transmitiu uma simples mensagem em resposta para David:

— Tom diz obrigado, e aqui está a resposta para o "por quê". Você se sentiu impotente, então você tomou. Você pensava que o poder vinha de fora. Aprenda que o poder vem de dentro.

David fechou os olhos, e o suspiro que ele deu agora era leve e solto.

— Diga a ele que eu agradeço, também.

Nosso tempo estava quase acabando. A voz metálica anunciou que tínhamos apenas três minutos. David perguntou a Tom se ele iria voltar.

O espírito disse não, mas acrescentou:

— Nós nos encontraremos mais tarde para uma conversa frente a frente.

Os guardas abriram a porta atrás de David e o levaram para fora da cabine. Dorothy, como sempre, foi com ele.

Harry começou a se levantar do banco onde esteve sentado pela última hora, quando ele, Tom e eu notamos duas luzes brilhantes se aproximando. Houve uma súbita mudança na aura de Tom e Harry. O cínico agora tinha lágrimas nos olhos. Assim como eu.

Eram Elizabeth e Jessica.

Tom tinha se livrado de sua humilhação e agora estava pronto para o amor, bondade e compreensão que teria delas. Ele foi na direção delas e juntos deixaram a escuridão da prisão e entraram na luz.

Harry não disse uma palavra enquanto saíamos de Terrell. Mas, assim que estávamos do lado de fora, ele se virou e disse:

— Eu estava certo, não estava?

Respondi dizendo que não tinha a menor idéia do que ele estava falando.

— Eu disse que este seria um dia para lá de interessante, não disse?

30

A visita

Quinta-feira era a noite mais devagar da semana no bar, porque o fim de semana ainda não havia começado, os pagamentos eram nas sextas e os fregueses de Harry eram de uma classe operária que já estava sem dinheiro quando quinta se aproximava. Era por isso que Harry tocava o bar sozinho nesse dia, usando a queda de movimento para dar a noite de folga aos seus funcionários.

Harry olhou pelo salão. Ele não o mudou muito desde que o comprou três anos atrás. Ele inspecionou o surrado bar, onde incontáveis gerações de manchas de cervejas e queimaduras de cigarro estavam encravadas na madeira escura. Olhou para os frágeis bancos do bar alinhados ao acaso ao longo do balcão e notou seus assentos de plástico vermelhos descascados. Pendurada nas paredes que precisavam de pintura, estava uma variada coleção de relógios, cada um presenteado por uma diferente marca de cerveja. E o que seria de um bar no Texas sem as cabeças de veado empalhadas e calendários de mulher pelada? Aquele bar tinha duas cabeças de veado e vários calendários fora de época. Harry sorriu e lembrou-se por que eu não escolhi aquele local para nosso primeiro encontro.

— Você estava certa, Maryanne, isto é um depósito de lixo — disse ele em voz alta.

Harry virou-se e, vendo seu reflexo na parede espelhada atrás do bar, mostrou a língua para si mesmo.

— Maryanne, temos de fazer alguma coisa. Este lugar está me deprimindo — brincou.

O médium tinha me pedido para passar pelo bar naquela noite. Ele queria que eu estivesse ali quando Bill, o guarda de Terrell, e seus "amigos" chegassem.

— Para quê? — ironizei. — Se eles aparecerem com capuzes brancos, não vai haver muito o que eu possa fazer.

Harry disse que não estava esperando nenhum membro da Ku Klux Klan, mas ele tinha a sensação de que alguma coisa iria acontecer.

O relógio em *néon* da cerveja Miller marcava onze da noite, e, bem na hora, Bill e seus dois amigos entraram pela porta da frente. Um era um homem alto, magro, de seus quase cinqüenta anos. Ele usava um casaco marrom escuro e andava com ar de autoridade. O outro era mais jovem e mais baixo. Acho que tinha mais ou menos a mesma idade de Harry. Este estava vestido casualmente, com calça bege, camisa esporte azul e um boné do time de beisebol Texas Rangers. Não pude deixar de notar um pequeno crucifixo de ouro espetado no boné.

Bill, o guarda que conhecia Harry, cordialmente foi até o canto do bar onde Harry estava.

— Eu lhe disse que iria passar por aqui com alguns amigos. Aqui estão eles.

Harry assentiu e fez sinal para que eles se sentassem em qualquer lugar da casa.

— Normalmente eu já teria fechado, mas Bill disse que viria com amigos.

Os dois "amigos" deram a Harry um rápido aceno, e Bill partiu para as apresentações.

— Este aqui é o reverendo Parrone. Ele é o capelão da prisão.

O homem mais jovem estendeu sua mão e Harry apertou-a.

— Uma alma perturbada — anotou Harry mentalmente.

— E este — Bill pontuava suas palavras dramaticamente, como se estivesse apresentando uma celebridade de Hollywood — é o diretor Phillip Riggs. Diretor, este é Harry Clark.

Era óbvio que Bill estava feliz de estar na companhia do diretor. Em uma cidade como Livingston, onde mais da metade da população estava direta ou indiretamente empregada pelo sistema prisional, um diretor é tratado com respeito e deferência.

Com as apresentações feitas, Bill pediu desculpas, dizendo

que tinha de ir para casa e para sua esposa. Obviamente, sua saída tinha sido planejada anteriormente.

Harry pôs uma garrafa de cerveja na frente de cada homem.

— É por conta da casa — ofereceu, e abruptamente perguntou o que eles queriam.

Meu amigo Harry tinha o mesmo trato social de Átila, o Huno.

O capelão e o diretor olharam um para o outro. Enquanto os dois estavam decidindo quem iria responder, eu e Harry notamos os espíritos que acompanhavam a dupla. Harry, olhando sobre os ombros deles para mim, ergueu uma sobrancelha.

Harry notou uma valise, que o diretor abria sobre o balcão. Quando o diretor falou, ele pediu a Harry que o que quer que fosse discutido naquela sala permanecesse ali.

Harry respondeu que não via problema nisso.

O diretor então foi direto ao ponto:

— Qual a sua relação com David Heinz?

Harry explicou que não havia parentesco.

— É apenas um amigo.

O diretor replicou, lembrando Harry que em sua primeira visita ele disse ao guarda que um parente pediu a ele que procurasse David.

— Até onde nós sabemos, Heinz não tem parentes vivos — reportou Riggs.

— Eu sei disso — respondeu Harry cuidadosamente.

O diretor Riggs puxou algumas pastas da valise e disse:

— Então você mentiu.

Aquilo foi uma afirmação e não uma pergunta.

Harry se apoiou no balcão e imediatamente exigiu saber o que estava se passando.

— Isso é algum tipo de interrogatório? Se é, quero saber o porquê.

Riggs ergueu as palmas das mãos e pediu desculpas. Ele jurou que não estava ali para um inquérito.

— Desculpe o mau jeito. Acho que é hábito profissional — disse rindo o diretor. — A propósito, pode me chamar de Phil.

O diretor olhou para Harry e puxou três pastas de sua valise.

— Harry, daqui a um ano e meio eu devo me aposentar. Minha ficha de trinta anos está limpa e quero mantê-la assim. É por isso que tenho meus olhos e ouvidos por toda a prisão. E esses olhos e ouvidos me dizem que algo estranho está acontecendo. Veja você: eu não disse errado, eu disse estranho. Você não trabalha em um sistema prisional por mais de vinte e cinco anos sem desenvolver um sexto sentido.

Harry mal conteve o sorriso que tentou se abrir em seu rosto.

— Sim, eu sei o que quer dizer — respondeu o médium.

— Então, quando um cara surge do nada e quer visitar alguém como David Heinz, eu quero saber por quê. Especialmente quando eu descubro — disse Riggs, batendo com o dedo no meio da pasta à sua frente — que esse cara se mudou para cá vindo de Houston três anos atrás.

O diretor acrescentou que os prisioneiros podiam escrever e ter visitas de quem eles bem quisessem.

— Alguns deles até se casam no corredor da morte, com uma mulher que esteja lá longe, como na Europa.

O capelão Parrone falou pela primeira vez.

— De certa forma, Harry, legalmente nós nem deveríamos estar aqui falando com você esta noite. Muitos podem dizer que o diretor estaria interferindo nos direitos de um prisioneiro. — E acrescentou ironicamente: — E eles têm tão poucos direitos...

O diretor abriu a primeira pasta à sua frente.

— Eu não deveria estar fazendo isto também — confessou enquanto dava os papéis para Harry. — Este é o arquivo do prisioneiro Heinz. É confidencial.

O capelão chamou a atenção para uma carta que David tinha escrito para seu advogado, que foi encaminhada para a prisão pelo escritório geral da promotoria.

— Ele está dizendo ao seu advogado para não entrar com mais nenhuma apelação. A data de sua execução pode ser marcada dentro dos próximos seis meses — alertou o capelão.

Harry recordou que David o tinha informado sobre isso durante sua visita do dia anterior.

— Agora, olhe para isto — disse o capelão passando-lhe uma outra carta. Esta era endereçada ao próprio reverendo.

Harry pegou o pedaço de papel, leu silenciosamente e sorriu.

— Então ele quer que eu seja seu conselheiro espiritual. O que é isso? — perguntou ele sem tirar seus olhos da carta.

O diretor Riggs olhou para o reverendo e pediu permissão para explicar.

— Vinte e quatro horas antes do procedimento, o preso é levado para Huntsville, a doze quilômetros ao sul, onde as execuções acontecem na unidade Walls. Lá, ele é colocado numa cela especial. Ela é um pouco maior do que a em que ele está agora. É uma cela normal, fechada por barras de aço e não por concreto. Nós a chamamos de cela da vigia, porque o prisioneiro é constantemente monitorado. Ele pode escolher um conselheiro espiritual para estar com ele. Ele quer você. Mas aí temos um problema. Nosso regulamento diz que o conselheiro espiritual deve ser um padre ordenado, pastor ou pregador de uma religiao ou fé reconhecida. Ele pode ter qualquer um que quiser. Ele pode mandar trazer um curandeiro do Haiti, se ele for um representante diplomado da tal religião.

O capelão perguntou a Harry se ele era qualificado.

O médium pediu licença.

— Tenho de ver se posso achar uma coisa lá atrás — foi tudo que ele disse.

O diretor e o reverendo esperaram com suas cervejas enquanto Harry desapareceu atrás da cortina que separava o bar de uma sala de depósito. Eles ouviram os sons abafados de caixas sendo removidas, Harry praguejando e mais caixas arrastadas pelo chão na sala de trás. Depois de uns dez minutos, um Harry um tanto desarrumado apareceu. Ele olhava aliviado enquanto trazia uma caixa de papelão cheia de papéis amarelados em sua mão.

— Achei o que estava procurando — declarou o médium.

Ele empurrou a caixa sobre o balcão para Riggs, mas pediu ao capelão:

— Dê uma olhada e me diga o que você acha.

O jovem capelão espiou sobre o ombro do diretor. Em voz baixa, eles conferiram e Harry, fingindo desinteresse, ouviu cada palavra. Até ouviu quando o diretor perguntou ao capelão:

— O que raios é a Associação Nacional de Igrejas Espíritas?

O capelão disse que ouviu falar sobre isso, até conhecia um de seus pastores em Oklahoma.

— É legítimo — anunciou o capelão. — E eu vou avalizar. E — acrescentou com um sorriso — estes papéis explicam muita coisa.

Harry mostrou a eles seus papéis de ordenação como pastor e certificado como médium da igreja da Associação, em Houston. Ele tinha obtido aqueles papéis quando tinha dezenove anos. O diretor inquiriu o capelão:

— O que quer dizer quando diz que estes papéis explicam muita coisa?

O reverendo Parrone ignorou a pergunta e, sem tirar seus olhos de Harry, informou que havia conversado bastante com David recentemente.

— Ele é certamente um homem mudado. Tentei convencê-lo a não cancelar suas apelações. Sempre há esperança, eu lhe disse. Ele não ouviu, mas me deu uma aula de responsabilidade pessoal que faria qualquer teólogo corar de vergonha. "Reverendo", ele disse, "eu sou culpado. Eu tenho de encarar isso e assumir a responsabilidade sobre meus atos. A morte é apenas o começo. Eu tenho um longo caminho a percorrer."

O diretor ouviu quando o capelão repetiu o que o prisioneiro disse sobre Harry:

— Ele o chamou de amigo — disse o reverendo Parrone. — Ele disse que você mostrou a ele que há uma vida além desta. Ele resolveu viver o que quer que reste desta vida sabendo que há outra depois. Ele sente que, apelando e apelando, ele apenas estaria brincando e, como ele mesmo disse, "fazendo pouco" do que ele agora acredita.

Eu não pude deixar de sussurrar ao ouvido de Harry:

— Você sempre disse que queria ajudar as pessoas a mudar seu modo de vida.

Harry fechou seus olhos e sorriu.

O capelão Parrone disse a Harry o quanto o prisioneiro tinha mudado durante os últimos meses.

— Eu não o tenho visto com aquele seu sorriso sacana já há algum tempo — brincou.

Harry estava curioso. Ele disse aos visitantes que não precisavam fazer uma viagem a um bar decadente às onze horas numa noite da semana para discutir isso.

— Vocês podiam ter me chamado no escritório da prisão a qualquer hora.

O diretor confessou que eles queriam encontrar o homem que tinha causado tão boa influência em um dos mais infames condenados do estado do Texas.

— Heinz tinha uma ficha policial tão longa quanto seu braço. Quando chegou em Terrell, era um inútil arrogante e boca-suja. Agora, de acordo com o capelão aqui, ele é um Buda no corredor da morte. O capelão disse que você é o responsável. Pensamos que seria melhor se nos encontrássemos informalmente.

Os olhos de Harry se concentraram no capelão. Harry o estava lendo, sem que o capelão ou o diretor soubessem. Eu falei ao ouvido de Harry:

— Ele está procurando por respostas e sabe que nem tem todas as perguntas. Ele está curioso sobre você.

— A propósito — perguntou o diretor —, o que afinal é um médium?

O capelão, sem esperar pela resposta de Harry, adiantou-se. Parrone sabia que o diretor acharia a resposta mais aceitável se viesse dele. Phil Riggs era um batista conservador. "Quanto mais simples, melhor", Riggs brincava, sempre que eles discutiam religião.

— Médiuns, de acordo com a Igreja Espírita, são pontes entre nós, da Terra, e aqueles que já faleceram. Harry vê e ouve pessoas que não estão mais entre nós.

O diretor rosnou:

— Sr. Clark, eu respeito suas crenças, mas não ponho a menor fé nessa baboseira mística. Quando você está morto, está morto. Nós vamos ressuscitar no Dia do Julgamento. Isso é tudo, pelo que eu sei.

O capelão deu de ombros e olhou para Harry.

— E eu, diretor Riggs, certamente respeito suas crenças. Nós, espíritas, não somos de converter pessoas. Acreditamos que, quando uma pessoa está pronta, ela começa a procurar suas próprias respostas. Assim que estiver pronto, eu estarei aqui.

O diretor riu e disse que ele estava pronto para ir embora. Mas Harry ofereceu a eles mais uma cerveja.

— Esta também é por conta da casa. Eu tenho algumas perguntas, se vocês não se importarem.

Os homens olharam para o relógio. Era quase meia-noite e meia, mas decidiram aceitar a oferta de Harry. O médium baixou o tom de voz e perguntou:

— Como é que é?

Riggs e Parrone imediatamente souberam o que ele queria saber. Eles ouviram essa pergunta mil vezes antes. O reverendo Parrone começou:

— Quando a equipe termina de apertar as correias, apenas eu e o diretor podemos ficar na câmara.

O diretor explicou o que era a equipe que apertava as correias e eu projetei para Harry uma imagem da câmara da morte azul clara e sem janelas.

— Isso é feito por cinco dos meus melhores homens. Eu tento fazer com que o processo seja o mais rápido e impessoal que eu posso. A equipe que aperta as correias anda com o prisioneiro desde a sua cela da vigia: está a menos de cem passos da câmara.

O capelão, concentrado no copo de cerveja em frente a ele, continuou:

— O prisioneiro não está algemado ou acorrentado durante essa caminhada. Esta é uma das mudanças que o diretor Riggs fez alguns anos atrás.

— Tento dar ao pobre-diabo alguma dignidade — explicou o diretor.

Harry viu o espírito de um homem vestido em um macacão branco aparecer diante dele.

— Eu ainda me lembro daquela caminhada — refletiu o espírito. — Não há nenhuma dignidade nela. Nós somos dopados antes de sair da vigia. Eles não querem que a gente faça um escândalo. Mas nós sabemos que vamos morrer. — O espírito vomitava as palavras. — Ajude-me a esquecer. Ajude-me a esquecer — implorou o espírito.

Eu pedi ao espírito que fosse embora:

— Você não é mais daqui.

Riggs descreveu o que acontece depois.

— O chefe da equipe dá as ordens para o prisioneiro deitar na maca. Então, a equipe faz seu trabalho. Eles foram treinados para serem rápidos, eficientes e profissionais.

Harry viu cinco guardas tomarem seus lugares: um guarda na perna direita, outro na perna esquerda. Braço direito, um guarda. Braço esquerdo, outro guarda. No corpo, um guarda. Cinco partes, cinco guardas. Rapidamente e sem emoção, eles apertam os cintos de couro em volta do corpo do condenado. Eles terminam em menos de quarenta segundos.

O médium estava fascinado e chocado com o relato clínico cheio de detalhes sobre a morte feito pelo diretor. O capelão notou o desconforto de Harry e interpelou:

— Como eu disse, quando a equipe termina, eles saem. Só eu e o diretor ficamos. Um paramédico, que fica em pé em um dos cantos, aproxima-se da maca e aplica a agulha, que os prisioneiros chamam de estaca, na veia do condenado.

Harry sentiu um calor queimando toda a extensão de seu braço direito. Era óbvio o que estava acontecendo: o médium estava revivendo cada momento da execução do espírito de macacão branco. Ele se recusava a deixar o bar.

O diretor explicou que eles às vezes têm dificuldade para achar a veia.

— O corpo humano tem uma capacidade incrível de se proteger. Às vezes as veias se encolhem.

O capelão disse ainda que nem médicos nem enfermeiras são envolvidos nas injeções. Eles não querem ter nada com aquilo porque o procedimento é contra a ética médica.

— Depois que a agulha está na veia, nós estamos prontos para prosseguir. As cortinas são abertas, assim as testemunhas podem ver dentro da câmara — disse o diretor.

Ele descreveu como, atrás do vidro blindado à prova de balas, as testemunhas são divididas em três grupos: imprensa, parentes das vítimas e aqueles que são convidados pelo condenado.

— Nenhum grupo tem qualquer contato com o outro durante o procedimento — assegurou Riggs.

O espírito no macacão branco choramingou:

— É como o coliseu romano, quando eles atiravam os cristãos para os leões. Tire-me daqui — implorava ele.

O capelão contou a Harry sobre um microfone suspenso sobre a cabeça do homem que está para morrer.

— Está lá para que ele possa dizer suas últimas palavras — esclareceu Parrone. — Normalmente o preso pede desculpas à família da vítima e à sua própria família, se algum deles está lá. Ele pede perdão a Deus ou a Jesus, e é isso.

O diretor riu e perguntou ao reverendo se ele se lembrava do cara que, depois que o time de futebol Dallas Cowboys ganhou um jogo espetacular de virada, fez sua declaração final e adicionou:

— Ah, sim, diretor. Quase esqueci: que coisa aqueles Cowboys.

— Eu era inocente, mas ninguém ligou. Eu disse a eles que eu era. Eu estava deitado naquela maca e disse tudo para eles. Eu não fiz aquilo. Eles pegaram o homem errado. Ninguém se importou — gritava o espírito no macacão branco.

O capelão voltou a conversar sob um ar mais sério.

— Há aqueles que se declaram inocentes até o fim. Eu sempre saio daquela sala pensativo.

O diretor interrompeu, dizendo que chegou a hora de administrar as injeções letais.

— É feito por uma máquina, que fica numa sala separada da câmara. Em uma das primeiras execuções, o preso ouviu o ruído eletrônico quando os pistões bombeavam as drogas pelos tubos intravenosos. Eu ouvi aquele ruído e fiquei aterrorizado. Imagine o prisioneiro. Depois disso eu mandei que tirassem a máquina de dentro da câmara.

O diretor contou a Harry sobre o sinal que ele combinou com o executor.

— Eu olho para o meu relógio. Quando ele me vê fazendo isso, ele aperta o botão iniciando a primeira de uma seqüência de três injeções.

O espírito de macacão branco tremia de medo.

— Eu vi quando ele olhou para o relógio. Eu sabia o que estava vindo: ouvi os ruídos, vi o veneno passar pelos tubos intravenosos. Eu vi aquilo se enfiar em mim.

Harry ouviu um suspiro alto. Veio do reverendo Parrone.

— Antes que o diretor cheque seu relógio, eu aperto a perna do prisioneiro para que ele saiba que estou lá. Eu sempre sinto a ansiedade correndo através de seu corpo. Meus dedos sentem o coração perturbado do homem batendo como um tambor. Eu posso ver o suor brotando de cada parte de seu ser. Muitas vezes, eu posso sentir os tremores do corpo se debatendo contra as correias de couro.

— E isso nunca falha, não importa o quão amargo ou revoltado o prisioneiro é. Eles sempre me agradecem. Eles me olham nos olhos e me agradecem — disse o capelão.

O diretor concordou com um sinal de cabeça.

— A mim também. Isso é macabro, não é? Um homem cuja morte eu ajudei a preparar me agradece por tudo que fiz por ele.

O capelão acrescentou:

— Os olhos... Não importa há quanto tempo eu faça isso, não importa quantos anos a partir de agora eu vou viver, eu jamais vou esquecer aqueles olhos.

Harry fechou os seus enquanto o diretor acabava sua narração descrevendo o processo da injeção.

— Então a máquina começa a trabalhar injetando quinze centímetros cúbicos de pentotal. É um anestésico. Basicamente, ele põe o prisioneiro para dormir, assim ele não pode sentir nada.

— Mentiras, mentiras, mentiras — lamentava o espírito. — Como eles sabem? Eu senti tudo.

— Um minuto depois, a máquina bombeia quinze centímetros cúbicos de pancorium bromide. Essa droga é um preparado de curare: ela paralisa os pulmões e eles entram em choque. O preso não pode respirar. Mas — o diretor apressou-se em dizer — não se esqueça: ele está apagado pelo pentotal. Ele não sente nada.

Em frente aos olhos de Harry, o espírito no macacão branco tentava puxar o ar e uma voz rouca gritava:

— Eu sufoquei dentro de mim. Não havia nada que eu pudesse fazer, nenhum lugar para correr.

— Depois de mais um minuto, a máquina põe quinze centímetros cúbicos de cloreto de potássio nos tubos. Essa droga pára o coração. Está acabado.

Harry ouve um grito alto e penetrante nascendo das entranhas do espírito de macacão branco. Seus olhos estão saltados e ele tenta falar e não consegue. Todos os seus músculos, não apenas seu coração, entraram em choque e travaram, apertando-se uns contra os outros.

Phil Riggs golpeia o ar diante dele com sua mão direita.

— Limpo, profissional e impessoal. Desde o momento em que o prisioneiro sobe na maca, até que o legista o declare morto, todo processo leva vinte minutos.

No entanto, num momento de sinceridade, o diretor confessou:

— Como eu disse, eu me aposento em um ano e meio. Não vou sentir saudade disso tudo.

E, levantando-se de seu banquinho, o diretor disse que estava na hora de ir para casa e perguntou ao capelão se ele iria junto.

O reverendo Parrone respondeu que não, ainda havia algo que ele queria conversar com Harry, disse apontando para a terceira pasta, que não foi aberta.

— Está certo — lembrou o diretor. — Mas você não precisa de mim, isso é entre vocês dois. O que você decidir, está bem.

Riggs disse seus boas-noites e saiu para a noite quente e úmida do Texas. O espírito de macacão branco saiu com ele.

— O diretor é um bom homem — observou o capelão. — Ele faz o melhor que pode. Pelo menos ele vai se aposentar em alguns meses. Eu não sei se posso agüentar por muito tempo.

Harry perguntou quantas execuções ele havia visto.

— Exatamente 156. Há duas marcadas para a semana que vem. Até o fim deste ano, vou estar perto de 175. Fico imaginando se continuo sendo uma parte do "procedimento", como diz o diretor. Eu estou tendo uma outra visão sobre tudo isso. Talvez eu pudesse fazer mais o bem do lado de fora.

Harry aconselhou-o dizendo:

— Às vezes Deus manda seus anjos ao inferno.

Parrone riu tristemente, dizendo que Terrell certamente era o inferno, e o corredor da morte era o ponto mais quente do inferno. Ele viu Harry olhando para a terceira pasta, ainda fechada, e Parrone entregou-a para ele.

— Falando de anjos no inferno, eu estava pensando se você

estaria interessado em trabalhar com outros prisioneiros. Existem uns poucos aqui que podiam aproveitar alguém para conversar.

Harry correu sua mão de cima a baixo no arquivo e estudou os dez nomes. O médium sentia as vibrações de assassinos, *serial killers*, traficantes de droga, matadores de aluguel e até a vibração de um homem inocente naquela lista de nomes. Harry olhou para mim com um olhar de "no que eu estou me metendo?" Eu dei de ombros e repeti as palavras que ele havia falado poucos minutos atrás: "Às vezes Deus manda seus anjos para o inferno".

— O que eu faço? — suspirou Harry.

— A mesma coisa que fez com David — respondeu o capelão. — Escreva uma carta. Veja se eles o colocam na lista de visitas. A propósito — comentou o reverendo —, foi uma carta e tanto. David me deixou ler.

Parrone pensou que Harry parecia preocupado e disse que o diretor não sabia nada sobre a carta. Harry balançou sua cabeça e disse que não era isso o que tinha em mente. O capelão perguntou a ele qual era o problema.

— Nada. Um homem chamado Jack, mas que você chamava de Johnny, quer dizer um alô. Disse que você deve estar preparado. Deus manda mesmo seus anjos para o inferno, ele disse. Agora ele está me mostrando uma garrafa de uísque.

Após breve pausa, Harry comentou:

— Espere um segundo. Seu nome era Jack, mas você o chamava de Johnny porque ele bebia Johnny Walker Red. Isso significa alguma coisa para você?

Parrone ficou pasmo diante de Harry, e praguejou em voz alta:

— Maldito seja. É meu tio Jack. Ele está morto já há uns cinco anos. O homem me ajudou a ir para a faculdade.

Harry olhou para mim e sorriu.

— Bom, maldito seja eu — repetiu.

31

Vejo você em Huntsville, Harry

Confirmando as palavras do capelão, David recebeu o mandado judicial de sua morte do escritório geral da promotoria do estado do Texas quatro meses depois. Harry não soube de nada até o dia de visita. Como sempre, a grossa placa de vidro separava os dois quando David agitou o mandado diante de Harry.

— Acho que a próxima vez que verei você será em Huntsville — satirizou David. — A execução está marcada para a próxima semana, ou — disse, lançando uma olhadela no papel à sua frente — para ser mais exato, terça-feira à meia-noite. Isso é daqui a cinco dias.

Pela primeira vez em quase dois anos que eu o conhecia, Harry não tinha nada a dizer. Ele admitiu isso a David.

— O que eu posso dizer? — perguntou o médium. — Eu acho que você está certo, eu vejo você em Huntsville. O regulamento diz que posso estar com você das nove da manhã de terça até... — a voz de Harry falhou ao tentar chegar até o fone.

David balançou a cabeça.

— O que é isso, cara? Não vai ficar emotivo comigo agora.

O médium deu um fraco sorriso através do vidro e disse:

— Isso é meio inesperado. O mandado veio tão de repente.

David provocou de brincadeira:

— Pensei que você visse as coisas antes que elas acontecessem. Como algo pode pegá-lo de surpresa?

Eu sabia a data da execução desde quase quando aceitei a missão, mas tinha me proposto a guardá-la em segredo porque não queria que seu conhecimento interferisse nas decisões de David ou Harry.

O condenado ficou sério e perguntou ao médium se ele havia esquecido o que havia escrito poucas semanas atrás, sobre a morte.

Harry sacudiu a cabeça. O médium estava tendo um mau momento para se concentrar. David apressou a mente de Harry. Fechando seus olhos, como se estivesse falando de memória, o homem prestes a morrer repetiu a essência da carta que Harry escreveu:

> *Existem muitas maneiras diferentes de uma pessoa encarar a morte. Alguns a encaram com autopiedade, preocupados com o que estão deixando para trás e com o fato de estarem abandonando o que conseguiram.*

O prisioneiro riu. Olhando em volta, comentou:

— Você pode apostar, Harry: esse não vou ser eu.

David finalmente arrancou um sorriso do médium.

Harry se adiantou:

> *Outros a encaram com coragem e valentia, desafiando o inevitável.*

David citou a carta:

> *E existem aqueles que se recusam até mesmo a pensar na morte. Eles nem sequer consideram a possibilidade. Quando a morte vem, pega-os desprevenidos, despreparados. Eles estão perdidos e incapazes de fazer qualquer coisa senão morrer.*

Harry perguntou se David estava planejando "valentemente desafiar a morte".

O condenado disse que não, ele tinha muito respeito pela morte para fazer algo assim.

— E não acho que vou tentar ignorá-la — disse com uma piscadela. — Isso vai ser meio difícil para mim, também.

David fez uma pausa e pensou cuidadosamente nas palavras que diria a seguir.

— Vou tratar a morte como o que ela é: mudança. Você me ensinou isso, Harry, e é assim que eu vou morrer, com respeito pela mudança que está por vir. Eu aceitei a responsabilidade por minhas ações nesta vida. Minha personalidade terrestre sabe das coisas horríveis que fiz. Eu respeito minha morte porque é parte das conseqüências de meus atos, e eu respeito e aceito o que ainda está por vir.

Harry fechou seus olhos e agradeceu a David por permitir que o médium fizesse diferença em sua vida.

— Ah, Harry, e tem mais. Por sua causa, eu morro preparado e vivo. Você sabe o que isso significa? — O condenado perguntou e então respondeu à sua própria pergunta. — Significa que finalmente vou viver, porque entendi que o que eu sou hoje é conseqüência do que eu fui ontem, e amanhã serei do que sou hoje.

David enxugou suas lágrimas e levantou sua mão como se estivesse brindando:

— Para um amanhã melhor, Harry.

Eles estavam quase sem tempo. A hora de visitas estava acabando.

— Esta noite eles vão me levar para a cela da vigia em Huntsville. Eles não querem que eu me suicide antes que eles me matem. Vou ter guardas me vigiando o tempo todo. É parte do procedimento. Então, Harry, acho que vejo você na segunda, em Huntsville.

— Cuide-se, garoto. Vejo você em Huntsville — foi tudo que Harry pôde dizer enquanto David desaparecia pela porta pela última vez.

Epílogo

Albert Einstein escreveu:

> *Um ser humano é parte de um todo chamado por nós de "Universo". Ele vive sua vida, seus pensamentos e sentimentos com uma parte limitada e separada do resto — uma espécie de ilusão de óptica de sua consciência.*
>
> *Essa ilusão é um tipo de prisão para nós, limitando-nos aos nossos desejos pessoais e afeições por pessoas próximas de nós.*
>
> *Nossa missão deve ser a de nos libertarmos desta prisão ampliando nosso círculo de amorosidade para abraçar todas as criaturas vivas e toda a natureza em seu esplendor.*

Espero que você, depois de ler este livro, comece a desmanchar quaisquer que sejam as prisões construídas por você mesmo. E rezo para que todos nós desmanchemos as que construímos e que nos separam uns dos outros.

Fim

Sucessos de ZIBIA GASPARETTO

Crônicas e romances mediúnicos.

Retratos de vidas nos caminhos da eternidade.

Mais de quatro milhões de exemplares vendidos.

• Crônicas

de Silveira Sampaio:

PARE DE SOFRER

O MUNDO EM QUE EU VIVO

BATE-PAPO COM O ALÉM

• Crônicas

de Zibia Gasparetto:

CONVERSANDO CONTIGO!

• *de autores diversos:*

PEDAÇOS DO COTIDIANO

VOLTAS QUE A VIDA DÁ

• Romances

de Lucius:

O AMOR VENCEU

O AMOR VENCEU *(em edição ilustrada)*

O MORRO DAS ILUSÕES

ENTRE O AMOR E A GUERRA

O MATUTO

O FIO DO DESTINO

LAÇOS ETERNOS

ESPINHOS DO TEMPO

ESMERALDA

QUANDO A VIDA ESCOLHE

SOMOS TODOS INOCENTES

PELAS PORTAS DO CORAÇÃO

A VERDADE DE CADA UM

SEM MEDO DE VIVER

O ADVOGADO DE DEUS

QUANDO CHEGA A HORA

NINGUÉM É DE NINGUÉM

Sucessos de LUIZ ANTONIO GASPARETTO

Estes livros irão mudar sua vida!
Dentro de uma visão espiritualista moderna, estes livros irão ensiná-lo a produzir um padrão de vida superior ao que você tem, atraindo prosperidade, paz interior e aprendendo acima de tudo como é fácil ser feliz.

ATITUDE
SE LIGUE EM VOCÊ *(adulto)*
SE LIGUE EM VOCÊ - nº 1 *(infantil)*
SE LIGUE EM VOCÊ - nº 2 *(infantil)*
SE LIGUE EM VOCÊ - nº 3 *(infantil)*
A VAIDADE DA LOLITA *(infantil)*
ESSENCIAL *(livro de bolso com frases para auto-ajuda)*
FAÇA DAR CERTO
GASPARETTO *(biografia mediúnica)*
CALUNGA - "Um dedinho de prosa"
CALUNGA - Tudo pelo melhor
CALUNGA - Fique com a luz...
PROSPERIDADE PROFISSIONAL
CONSERTO PARA UMA ALMA SÓ *(poesias metafísicas)*

série CONVERSANDO COM VOCÊ:

(Kit contendo livro e fita k7)

1- Higiene Mental

2- Pensamentos Negativos

3- Ser Feliz

4- Liberdade e Poder

série AMPLITUDE:

1- Você está onde se põe

2- Você é seu carro

3- A vida lhe trata como você se trata

4- A coragem de se ver

INTROSPECTUS:

Jogo de cartas para auto-ajuda.

Modigliani criou através de Gasparetto, 25 cartas mágicas com mensagens para você se encontrar, recados de dentro, que a cabeça não ousa revelar.

OUTROS AUTORES

Conheça nossos lançamentos que oferecem a você as chaves para abrir as portas do sucesso, em todas as fases de sua vida.

LOUSANNE DE LUCCA:

• ALFABETIZAÇÃO AFETIVA

MARIA APARECIDA MARTINS:

• PRIMEIRA LIÇÃO

"Uma cartilha metafísica"

• CONEXÃO

"Uma nova visão da mediunidade"

VALCAPELLI:

• AMOR SEM CRISE

VALCAPELLI e GASPARETTO:

• METAFÍSICA DA SAÚDE:

vol.1 (sistemas respiratório e digestivo)

• METAFÍSICA DA SAÚDE:

vol.2 (sistemas circulatório, urinário e reprodutor)

ELISA MASSELLI:

- QUANDO O PASSADO NÃO PASSA
- NADA FICA SEM RESPOSTA
- DEUS ESTAVA COM ELE

RICKY MEDEIROS

- A PASSAGEM
- QUANDO ELE VOLTAR
- PELO AMOR OU PELA DOR...

MARCELO CEZAR

(ditado por Marco Aurélio)

- A VIDA SEMPRE VENCE
- SÓ DEUS SABE

MÔNICA DE CASTRO

(ditado por Leonel)

- UMA HISTÓRIA DE ONTEM

LUIZ ANTONIO GASPARETTO

Fitas K7 gravadas em estúdio, especialmente para você!
Uma série de dicas para a sua felicidade.

• PROSPERIDADE:
Aprenda a usar as leis da prosperidade.
Desenvolva o pensamento positivo corretamente.
Descubra como obter o sucesso que é seu por direito divino, em todos os aspectos de sua vida.

• TUDO ESTÁ CERTO!
Humor, música e conhecimento em busca do sentido da vida.
Alegria, descontração e poesia na compreensão de que tudo é justo e Deus não erra.

• série VIAGEM INTERIOR (1, 2 e 3):
Através de exercícios de meditação mergulhe dentro de você e descubra a força da sua essência espiritual e da sabedoria.
Experimente e verá como você pode desfrutar de saúde, paz e felicidade desde agora.

• TOULOUSE LAUTREC:
Depoimento mediúnico de Toulouse Lautrec, através do médium Luiz Antonio Gasparetto, em entrevista a Zita Bressani, diretora da TV Cultura (SP).

• série PRONTO SOCORRO:

Aprenda a lidar melhor com as suas emoções, para conquistar um maior domínio interior.

1. Confrontando o desespero
2. Confrontando as grandes perdas
3. Confrontando a depressão
4. Confrontando o fracasso
5. Confrontando o medo
6. Confrontando a solidão
7. Confrontando as críticas
8. Confrontando a ansiedade
9. Confrontando a vergonha
10. Confrontando a desilusão

• série CALUNGA:

A visão de um espírito, sobre a interligação de dois mundos, abordando temas da vida cotidiana

.

1. *Tá tudo bão!*
2. "*Se mexa*"
3. *Gostar de gostar*
4. *Prece da solução*
5. *Semeando a boa vontade*
6. *Meditação para uma vida melhor*
7. *A verdade da vida*
8. "Tô ni mim"

• série PALESTRA

1- A verdadeira arte de ser forte

2- A conquista da luz

3- Pra ter tudo fácil

4- Prosperidade profissional (1)

5- Prosperidade profissional (2)

6- A eternidade de fato

7- A força da palavra

8- Armadilhas do coração

9- Se deixe em paz

10- Se refaça

11- O teu melhor te protege

12- Altos e baixos

13- Sem medo de errar

14- Praticando o poder da luz em família

15- O poder de escolha

PALESTRAS GRAVADAS AO VIVO:

• série PAPOS, TRANSAS & SACAÇÕES

1- Paz emocional

2- Paz social

3- Paz mental

4- Paz espiritual

5- O que fazer com o próprio sofrimento?

6- Segredos da evolução

7- A verdadeira espititualidade

8- Vencendo a timidez

9- Eu e o silêncio

10- Eu e a segurança

11- Eu e o equilíbrio

• série PALESTRA AO VIVO

1- Caia na real *(fita dupla)*

2- Casamento e liberdade *(fita dupla)*

3- Segredos da auto-estima *(fita dupla)*

4- A vida que eu pedi a Deus *(fita dupla)*

• LUZES

Coletâneas de 8 fitas k7.

Curso com aulas captadas ao vivo, ministradas através da mediunidade de Gasparetto.

Este é um projeto idealizado pelos espíritos desencarnados que formam no mundo astral, o grupo dos Mensageiros da Luz.

LUIZ ANTONIO GASPARETTO EM CD

Títulos de fitas k7 que já se encontram em CD

- Prosperidade
- Confrontando a ansiedade
- Confrontando a desilusão
- Confrontando a solidão
- Confrontando as críticas

LUIZ ANTONIO GASPARETTO

em vídeo

• SEXTO SENTIDO

Conheça neste vídeo um pouco
do mundo dos mestres da pintura,
que num momento de grande ternura
pela humanidade, resolveram voltar
para mostrar que existe vida além da vida,
através da mediunidade de Gasparetto.

• MACHU PICCHU

Visite com Gasparetto a
cidade perdida dos Incas.

• série VÍDEO & CONSCIÊNCIA

Com muita alegria e arte, Gasparetto
leva até você, numa visão metafísica,
temas que lhe darão a oportunidade de
se conhecer melhor:

O MUNDO DAS AMEBAS
JOGOS DE AUTO-TORTURA
POR DENTRO E POR FORA

ESPAÇO VIDA & CONSCIÊNCIA

INFORMAÇÕES E VENDAS:

Rua Santo Irineu, 170
Saúde • CEP 04127-120
São Paulo • SP • Brasil
✆: (11) 5574-5688 / 5549-8344
FAX: (11) 5571-9870 / 5575-4378
e-mail: gasparetto@snet.com.br
site: www.gasparetto.com.br